科技金融创新发展研究系列丛书

郭 华◎著

互联网金融风险整治及监管策略

Financial Risks on the Internet: Strategies for
Governance and Supervision

中国财经出版传媒集团

经济科学出版社
Economic Science Press

·北京·

图书在版编目（CIP）数据

互联网金融风险整治及监管策略/郭华著．－－北京：
经济科学出版社，2021.11
（科技金融创新发展研究系列丛书）
ISBN 978－7－5218－3197－9

Ⅰ.①互⋯　Ⅱ.①郭⋯　Ⅲ.①互联网络－应用－金融
风险－风险管理－研究②互联网络－应用－金融监管－研
究　Ⅳ.①F830.29

中国版本图书馆 CIP 数据核字（2021）第 248385 号

责任编辑：王　娟　李艳红
责任校对：王苗苗
责任印制：张佳裕

互联网金融风险整治及监管策略
郭　华　著
经济科学出版社出版、发行　新华书店经销
社址：北京市海淀区阜成路甲 28 号　邮编：100142
总编部电话：010－88191217　发行部电话：010－88191522
网址：www. esp. com. cn
电子邮箱：esp@ esp. com. cn
天猫网店：经济科学出版社旗舰店
网址：http：//jjkxcbs. tmall. com
北京季蜂印刷有限公司印装
710×1000　16 开　12 印张　180000 字
2023 年 10 月第 1 版　2023 年 10 月第 1 次印刷
ISBN 978－7－5218－3197－9　定价：48.00 元
（图书出现印装问题，本社负责调换。电话：010－88191545）
（版权所有　侵权必究　打击盗版　举报热线：010－88191661
QQ：2242791300　营销中心电话：010－88191537
电子邮箱：dbts@ esp. com. cn）

科技金融创新发展研究系列丛书

总　编：王瑶琪　刘志东

编写委员会（按姓氏笔画排序）：

总　序

迈克尔·波特把国家竞争优势的发展分为 4 个阶段——"要素驱动"发展阶段、"投资驱动"发展阶段、"创新驱动"发展阶段、"财富驱动"发展阶段。党的十九大报告提出了新时代坚持和发展中国特色社会主义的基本方略，将创新列为新发展理念之首，要求坚定实施"创新驱动发展战略"。科学技术是第一生产力，实现创新驱动发展战略的核心在于科技创新。金融是现代经济核心，科技创新源于技术而成于资本，科技创新离不开金融创新的支持。历史上，每一次产业革命的出现都离不开金融制度的创新、保障和支持。

为了充分挖掘和实现科技创新的潜在价值，需要给科技创新插上金融资本的翅膀。为了实现科技创新、实体经济、现代金融的有机结合和良性循环，需要科技与金融两大系统之间深度融合。科技金融是金融业的一种业态，是科技创新与金融创新交汇融合的产物，是促进科技开发、成果转让和高新技术产业发展的金融工具、金融制度、金融政策与金融服务的系统性和创新性安排。科技金融是向科技创新活动提供融资资源的政府、企业、市场和社会中介机构等的主体，在科技创新融资过程中的行为活动组成的体系，是国家科技创新体系和金融体系的重要组成部分。科技金融体系通过金融、财税、信用工具等组合，对科技资源的潜在价值和市场潜力进行估值和风险定价，进而实现科技资源和金融资源的有效对接。

科技金融不是简单地把科技要素、金融机构和金融工具等简单的堆砌起来，而是依靠完善的科技金融生态系统才能实现其有机融合。单纯的要素堆积无法实现科技与金融间的融合，也体现不出科技金融的深度。

科技金融并不能简单地理解为一个金融工具、一个产业、一个范式或一个政策。科技金融是一项复杂的系统工程，需要精心的顶层设计，把众多科技要素、金融机构和工具、市场要素、政策等融合在一起，才能够健康成长。从系统工程角度看，完整的科技金融不仅包括科技要素和金融要素，还包括科技金融赖以生存和发展的生态系统。

按照党的十八届三中全会提出的围绕产业链部署创新链，围绕创新链完善资金链，鼓励金融资本、社会资本、科技资源相结合。可把科技金融的结构归结为基于产业链来部署创新链，而创新链并非空中楼阁，需要围绕创新链来完善资金链。但是，只有产业链、创新链、资金链还不够，还需要有服务链，也就是要打造"四链融合"。"四链融合"能检验科技金融的设计是否符合规律。其中，服务链是否形成是一个重要的标准。它是融合产业链、创新链、资金链的重要润滑剂，如果没有完善的服务链来提升它们的水准，产业链、创新链、资金链仍然是隔离的，仍然不是理想的科技金融。所以，顶层设计上一定要为实现"四链融合"去构造符合科技金融发展规律的生态系统。科技金融生态系统涉及人才战略、财税政策、土地政策等，只有将这些因素协同融合，才能够优化科技金融生态环境，有利于落实创新驱动发展战略的实施。

不同经济发展阶段的经济体具有不同的要素禀赋结构，不同产业的企业具有不同的规模特征、风险特性和融资需求。处于不同经济发展阶段的实体经济对金融服务的需求存在差异。当前，我国科技金融发展中存在金融产品创新供给与需求不匹配、中介服务体系不完善、市场活跃度不高等问题。应从顶层设计、产品创新、服务体系、政策支持等方面构建科技金融生态系统。组成由金融、科技、管理等多要素，科技金融产业、现代科技服务业等多领域以及人才、政策、平台、机制等共同作用的多维度、多层次科技金融生态系统。

改革开放以来，我国经济发展取得了辉煌的成绩，在40多年持续快速增长的支持下，已经成为世界第二大经济体，人均GDP步入中等偏上收入国家的行列。但是，随着2008年国际金融危机的爆发，高投资、生态环境破坏严重和资源耗费加剧的粗放型低技术含量增长模式的弊端日益凸显，已经不可持续。要实现中华民族伟大复兴的目标，必须坚定不移地贯彻科教兴国战略和创新驱动发展战略，坚定不移地走科技强国之路；依靠科技创新和技术进步大力推进结构调整和产业升级，实现经济社会可持续发展是当前面临的使命。

当今世界正处于百年未有之大变局，全球新一轮科技革命产业变革呈加速趋势，以信息技术深度和全面应用为特征的技术革命迅猛发展，带动应用领域的创新突破以及新业态的不断出现，数字化、网络化、智能化加速推进。

发达国家经过世界金融危机与经济危机的洗礼之后，重新调整了经济战略布局，倡导制造业回归，更加注重科技创新对实体经济发展的作用，纷纷出台和实施科技创新发展规划，以保持其在全球的领先地位。美国继2012年提出《先进制造业国家战略计划》后，2019年发布了《美国先进制造业领导力战略》；德国在实施"工业4.0"的基础上，新出台了《国家工业战略2030》；日本提出《机器人新战略》和"社会5.0战略"，加紧在智能制造领域进行战略布局。

经过新中国成立70年特别是改革开放40多年来的快速发展，中国已经成为具有重要影响力的制造业大国，但总体来看依然大而不强、强而不精，整体发展质量不高。

近年来，中国经济下行压力逐步加大，GDP增速从2010年的10.3%降到2018年的6.6%。出现这种变化，一方面是由于经济发展到一定阶段后的规律性现象，另一方面是由于新旧功能转换滞后。要改变这一局面，就必须依靠创新、协调、绿色、开放、共享的新发展理念，转变发展方式，实现高质量发展。当前，大数据、云计算、人工智能与制造业的结合不仅为传统生产要素赋能，同时也打破了劳动力、资本、土地等有限供给对经济增长的制约，为产业持续升级、转型发展提供了基础和可能。

随着大数据、人工智能和区块链等前沿技术的应用研究更加深入，这些前沿技术在金融领域的应用场景正变得逐步清晰，客户用户画像、智能投顾服务、结合区块链技术的证券发行和交易、基于大数据的风险监控与管理已成为重要的金融科技应用，科技对金融的变革影响程度更深，金融行业发展也更依赖于科技进步。传统金融机构、新兴科技公司（互联网）、支持服务企业（通信、基础设施、专业服务）等通过科技驱动构建新的金融生态，包括移动支付、P2P 网贷、股权众筹、互联网销售（基金、保险等）、消费金融、企业金融服务、征信与数据服务等业态。数据研究公司（IDC）的报告指出，2017 年全球移动支付金额已突破 1 万亿美元。花旗集团（Citigroup）研究报告显示，金融科技行业近年来吸引的投资额快速增长。人工智能伴随神经网络的发展，使深度学习成为可能，金融科技将愈加去中心化、平台化和大众化，更好地解决传统金融领域中的痛点，如个性化服务、信息不对称等。

科技金融和金融科技的发展，无疑都需要创新赋能。科技与金融融合的障碍主要是金融机构面临风险和收益匹配关系的选择。由于科技金融工作的着力点是科技成果的转化和资本化，即科创企业的初创期和成长期，恰恰是投资的高风险期，难以满足传统金融机构特别是银行的低风险要求。

因此，科技金融的创新与发展，就是要创新金融产品和服务，降低投资风险，赋能金融资源支持科技创新。在特定的应用场景下，科技金融和金融科技自然会融合发展。

尽管"科技金融"这一概念近年来在国内被广泛提及，并频频出现在大量媒体和学术期刊上。但是在数字化、网络化、智能化发展趋势下，适应新技术和新业态的科技创新与融资渠道之间的相互依存关系，依然是一个有待继续深入研究的领域。新一轮科技革命产业变革呈加速趋势下，科技金融的创新与发展，仍然是一个非常有价值的研究课题。

为此，在准确把握新时代国家创新驱动发展战略对金融服务需求的基础上，梳理金融支持技术创新的路径，分析金融支持和促进创新驱动发展的机制，通过构建与实体经济发展相适应的科技金融支持体系，有效发挥金融体系的动员储蓄、管理风险、处理信息、便利交易、公司治理等优化资源配置功能具有重要意义。

本系列丛书是在课题组承担北京市教育委员会中央在京高校重大成果转化项目《面向"双轮驱动"的北京市科技金融发展战略与实施路径》基础上的研究成果。

总　　序

北京作为全国的政治中心、国际交流中心、文化中心和科技创新中心，其科技创新是其发展的强劲动力，文化创新更是其发展的重要组成部分。本系列丛书以科技创新和文化创新为"双轮驱动"发展战略的研究内容，其研究以金融为主轴，以驱动科技创新和文化创新两轮高速有序运行为目标，构建了科技金融、文化金融、数字金融、绿色金融、区域金融等协调发展并互为补充的应用场景，在政策激励、法规规范和制度保障的环境下营造出产业和成果不断转化的新时代科技金融发展战略。丛书按照预设的研究计划和技术路线，围绕相关内容展开分析、探索与研究，取得了预期的研究成果。

本系列丛书的研究成果有助于深化科技、文化、环保与金融之间的融合，促进成果转化，推进北京和全国经济的发展。在当前全球经济深度调整、中国经济增速放缓的大背景下，科技创新活动日趋成为经济和社会发展的主要驱动力。我国受资源、环境等因素的制约，必须加快转变传统的经济增长方式，转为依靠科技创新和金融创新来支撑经济社会发展。科技创新离不开科技型中小企业的智力支撑，而这些中小企业的发展又需要金融业的资金支持。具体来看，通过研究商业银行内部如何创新金融组织形式、如何创新合作模式，以支持科技创新企业的发展，有助于为商业银行建立推动科技金融服务的互动机制提供思路。通过研究适应科技型企业特点的信贷管理制度、差异化的考核机制，以及风险定价机制，有助于强化这些企业的风险管理能力，并进一步研究担保机构对科技型中小企业的贷款和风险补偿机制。通过研究银行如何开展对科技型企业的信用中介作用，有助于为科技和金融的结合奠定基础。科技进步也为金融创新提供了强大的技术支持，互联网金融在经济发展中将会发挥重要的基础性作用。

北京作为历史文化名城，具有丰富的文化资源优势。随着文化产业投融资体系的发展和成熟，与科技金融一样，文化金融也必将成为搞活文化企业的关键所在，并成为不断发展壮大的文化产业的重要支撑。文化金融是文化创新的重要途径，更是文化创新的关键环节。通过文化企业与银行、证券、保险等金融机构的全方位合作，一方面，不断推动了银行文化信贷产品的创新和保险、债券等一系列产品试点的创新；另一方面，也为解决文化企业融资难题搭起了一座座通向国内外市场的桥梁。因此，文化金融的提出以及全服务链体系的搭建，不仅是破解目前文化产业投融资难题的一个新突破口，更是全面推进金融创新工作的切入点。

在环境保护方面，低碳经济已成为当今社会各界的共识。发展低碳经济的过程中必然会产生与碳交易相关的各种金融活动，包括碳排放量的交易规则、碳排放量的交易场所，低碳经济型企业的发展等诸多问题，因此环境保护和低碳经济的发展必然要推动传统金融向碳金融研究的转变。我国在碳金融上起步缓慢，在国际碳交易市场的议价能力不够，谈判能力不强，因此通过对碳金融的研究从而充分建立起我国的"环境金融市场"以促进低碳经济型企业的发展就成为当前决定北京乃至全国实体经济能否持续健康发展的重要环节。

本系列丛书研究成果将更有效地服务于北京市的各项发展规划。通过对科技金融的研究特别是其中科技型中小企业融资和科技银行建立等问题的探究，对北京市政府关于科技型中小企业融资服务平台建设、科技型中小企业信用风险评估等相关政策的制定和出台具有参照、引领支持和决策借鉴作用，同时互联网金融平台和模式的研究对北京市政府如何识别并规制互联网金融风险也具有重要理论意义。对文化金融的研究对市政府如何发展文化创新，促进文化创意产业集群发展具有重要的支持作用。对碳金融、环境金融、气候金融的相关课题的研究，如碳交易规则的制定、环境金融市场建立的探讨、低碳经济型企业的发展等，对市政府如何完善环境保护的金融机制，改善首都环境状况，促进首都经济的持续健康增长具有重要的决策参考与基础性支持作用。

中央财经大学科技金融研究点面结合，经过近六年的重点攻关，针对科技金融领域的若干重点、热点课题展开研究，已经取得一定的成果。其中在科技型中小企业融资、科技银行的建设方案、互联网金融平台的构建设计、碳金融机制的研究、气候金融产品的创新开发等方面均取得了突破性的进展。这些成果需要进一步转化为生产力，从银行层面、企业层面、信用体系层面以及政策设计四个层面对科技金融学科方向作进一步细化，全面转化，为实体经济服务。中央财经大学科技金融课题组已经取得一些有影响力的成果，在科技金融、互联网金融、数字金融、低碳经济、碳金融、绿色资本市场和环境金融等重要领域已形特色鲜明的成果，为北京市、国家科技创新发展与环境保护决策提供了重要的理论成果支撑。众多的前期研究成果逐渐实现转化，真正发挥服务经济、服务社会、服务国家战略的作用。

　　我们在研究过程中得到了相关科技系统、财政系统、金融系统、科研院所、企事业单位等诸多部门的大力支持，参考了众多科技金融研究领域先行者的研究成果，得到了经济科学出版社王娟女士的大力帮助和指导，她和各位编辑为本系列丛书的顺利出版付出了辛勤劳动，在此表示衷心感谢！

　　本系列丛书是课题组成员集体劳动与团队合作的成果，丛书中不足之处请读者给予批评和指正。欢迎更多的有志之士关注和支持新技术变革下的科技金融创新与发展。

王瑶琪

2019 年 9 月 9 日

目 录 CONTENTS

导　　论

　　随着现代信息技术的日新月异以及互联网在第三次工业革命中的诞生，尤其是互联网强劲的技术平台和底层架构的连接功能介入金融后，在实践中衍生出不同于传统金融的新型业态——"互联网金融"。互联网金融作为传统金融机构与互联网企业利用互联网技术和信息通信技术实现资金融通、支付、投资和信息中介服务的新型金融业务模式。这种模式借助无边界的互联网技术急速膨胀，其虚拟化、跨界化、高技术化等优势与特点，引发了传统金融的惊异、忧虑与疑惧，特别是互联网金融大张旗鼓地向传统银行延伸，其资本无序扩张，激起了传统金融抑制其野蛮生长的"反制"行动。为鼓励金融创新，促进互联网金融健康发展，规范金融市场秩序，中国人民银行、工业和信息化部、公安部、财政部、国家工商总局、国务院法制办公室、中国银行业监督管理委员会、中国证券监督管理委员会、中国保险监督管理委员会、国家互联网信息办公室于 2015 年 7 月 18 日联合印发了《关于促进互联网金融健康发展的指导意见》（以下简称"2015 指导意见"）。[①]

　　由于互联网金融法律缺失留下的监管真空以及互联网金融企业的运营

---

　　① 需要说明的是，2018 年国务院机构改革后，工商总局与其他机构合并为国家市场监督管理总局，国务院法制办与司法部合并组建新的司法部，中国银行业监督管理委员会与中国保险监督管理委员会合并成立了中国银行保险监督管理委员会。按照 2023 年 3 月《党和国家机构改革方案》要求，在中国银行保险监督管理委员会基础上组建国家金融监督管理总局，"不再保留中国银行保险监督管理委员会""将中国人民银行对金融控股公司等金融集团的日常监管职责、有关金融消费者保护职责，中国证券监督管理委员会的投资者保护职责划入国家金融监督管理总局"。

蕴藏的道德风险、技术风险、操作风险、信用风险等因素，特别是其风险偏好与金融和网络安全风险的叠加，致使其在发展过程中不断暴露出一些问题和风险隐患，在一些层面上因其挑战法律与监管成为"非法集资"主要爆发地。其原因主要为：互联网金融行业的发展"缺门槛、缺规则、缺监管"；客户资金安全存在隐患，出现了多起经营者"卷款跑路"事件；从业机构内控制度不健全，存在经营风险；信用体系和金融消费者保护机制不健全；从业机构的信息安全缺失。特别是互联网金融企业之间盲目跟风式模仿而缺乏创新，短期求大的同质性竞争残酷，偏离互联网金融作为普惠金融的本质，"鱼龙混杂"情况较为严重，不仅积聚了大量风险，涉嫌非法集资、非法套现、场外配资、虚假宣传等违规违法情形不断出现，涉及吸收公众存款、集资诈骗、洗钱等违法犯罪事件接连不断。整个互联网金融行业暗流涌动，特别是"爆雷""跑路""投案"等事件从未间断，不仅给投资者造成了损失，也给社会秩序带来混乱。互联网金融的乱象加剧了传统金融的变化，有些互联网金融企业与金融机构暗合，通过多层嵌套转换发行风险较大的信托、保险、理财产品等，其风险不断被扩散。这些不良事件和乱象不仅极大地干扰了金融市场秩序，挤占了有限的金融资源，助长了金融脱实向虚的趋势，还影响了实体经济的健康发展，加大了社会财富的两极分化，聚集了系统性或者地域性的金融风险与一些影响社会稳定的因素，引起了监管部门的高度重视，引发了国家相关部门针对其行业的专项风险整治行动。

2016 年 4 月，国务院组织 14 个部委召开电视电话会议，决定在全国范围内启动为期一年的互联网金融领域专项整治，并出台了《互联网金融风险专项整治工作实施方案》。① 整治对象涉及互联网支付、网络借贷、股权众筹融资、互联网基金销售等多种业态。核心内容是打击虚假借款人和自融行为。2017 年的国务院《政府工作报告》指出，当前系统性风险

---

① 按照《互联网金融风险专项整治工作实施方案》的部署，专项整治主要包括摸底排查、清理整顿、评估、验收四个阶段，要求 2017 年 1 月底前完成。在专项整治期间，互联网金融行业依然处于快速发展阶段，不断有新的事物、新的情况发生，特别需要监管层统筹全局和重新定性，为此，专项整治活动被延期 1 年。

总体可控，但对不良资产、债券违约、影子银行、互联网金融等累积风险要高度警惕。2017 年 4 月 25 日，习近平总书记在主持维护国家金融安全的第四十次集体学习时强调，"重点针对金融市场和互联网金融开展全面摸排和查处"①。2017 年 6 月 29 日，中国人民银行等 17 个部门联合印发了《关于进一步做好互联网金融风险专项整治清理整顿工作的通知》。同时，互联网金融风险专项整治工作领导小组办公室也下发了《关于对互联网平台与各类交易场所合作从事违法违规业务开展清理整顿的通知》。该通知指出，一些互联网平台明知监管要求（包括交易场所不得将权益拆分发行、降低投资者门槛、变相突破 200 人私募上限等政策红线）仍然与各类交易场所合作，将权益拆分面向不特定对象发行，或以"大拆小""团购""分期"等各种方式变相突破 200 人限制。并明确互联网金融风险整治行动延期 1 年，整改实施阶段应最迟于 2018 年 6 月底前完成，对个别从业机构情况特别复杂的，整改期最长可延至 2 年，由省级人民政府指定相关部门负责监督及验收。2017 年 11 月 21 日，互联网金融风险专项整治工作领导小组办公室又下发了《关于立即暂停批设网络小额贷款公司的通知》要求，各级小额贷款公司监管部门一律不得新批设互联网小额贷款公司，禁止新增批小额贷款公司跨区经营。2017 年 12 月 1 日，互联网金融风险专项整治工作领导小组办公室、P2P 网络借贷风险专项整治工作领导小组办公室发布了《关于规范整顿"现金贷"业务的通知》，要求小额贷款公司监管部门暂停新批设网络（互联网）小额贷款公司；暂停新增批小额贷款公司跨省区市开展小额贷款业务。已经批准筹建的，暂停批准开业。同时，暂停发放小额贷款业务牌照，并针对过度借贷、重复授信、不当催收、畸高利率、侵犯个人隐私等问题明确了"现金贷"的开展原则。要求规范整顿辖内消费金融公司参与"现金贷"业务，消费金融公司禁止为无放贷业务资质的机构提供资金，也禁止自行发放无指定用途贷款。2018 年 3 月 28 日，互联网金融风险专项整治工作领导小组办公室下发了《关于加大通过互联网开展资产管理业务整治力度及开展验收工作的

---

① 《习近平在中共中央政治局第四十次集体学习时强调 金融活经济活金融稳经济稳 做好金融工作维护金融安全》，载《人民日报》2017 年 4 月 27 日。

通知》，并针对通过互联网开展资产管理业务的整治工作进行验收、处置。2019 年 1 月 16 日，中国银保监会召开银行业和保险业监督管理工作会议，要求坚持不懈地治理金融市场乱象，进一步遏制违法违规经营行为，有序化解影子银行风险，依法处置高风险机构，严厉打击非法金融活动，稳步推进互联网金融和网络借贷风险专项整治。2019 年中国互联网金融协会工作会议在部署 2019 年的工作重点时提出，中国互联网金融协会将继续开展互联网金融风险专项整治工作，推进建设互联网金融规范发展的长效监管机制。互联网金融风险专项整治工作领导小组、网络借贷风险专项整治工作领导小组召开专题会议，将 2019 年作为网络借贷风险专项整治的攻坚之年，并要求，压实属地整治责任，有力有序化解存量风险。稳妥有序推进分类处置，引导机构转型或良性退出；严格标准，稳步推进备案准备工作；严厉打击严重违法违规平台。[①] 2019 年 9 月 4 日，互联网金融风险专项整治工作领导小组、网络借贷风险专项整治工作领导小组联合发布了《关于加强 P2P 网贷领域征信体系建设的通知》，要求支持在营 P2P 网贷机构接入征信系统。2020 年，中国人民银行重点工作依然要求"持续开展互联网金融风险专项整治，基本化解互联网金融存量风险，建立健全监管长效机制"[②]。2020 年 11 月 27 日，中国银保监会表示，截至 11 月中旬，全国实际运营的 P2P 网贷机构完全归零，意味着这个红极一时的互联网理财产品最终退出历史舞台。在 2023 年 3 月 3 日的"权威部门话开局"系列主题新闻发布会上，中国人民银行行长易纲认为，"全面实施资管新规，压缩'类信贷'高风险影子银行规模大约 30 万亿元，推进互联网金融风险专项整治，近 5000 家 P2P 网贷机构全部停业。有序推进大型平台企业金融业务整改，依法将各类金融活动纳入监管，规范私募基金，深入整治金交所和'伪金交所'的风险。过去五年，累计立案查

---

① 欧阳洁：《互联网金融风险专项整治小组：将有力有序化解网贷存量风险》，载《人民日报》2019 年 4 月 4 日。

② 程婕：《2020 年基本化解互联网金融存量风险》，载《北京青年报》2020 年 1 月 6 日。

处非法集资案件大约 2.5 万件。"① 经过 5 年来的集中攻坚整改，系统性金融风险上升势头得到遏制，金融业脱实向虚、盲目扩张态势得到根本扭转，牢牢守住了不发生系统性金融风险的底线。

互联网金融没有改变金融的功能和本质，没有改变金融的风险属性，金融信用和风险在监管缺失背景下相对传统金融机构表现出更强的传染性、涉众性，其风险也更加突出：一是由于跨界、跨区域交叉混业特征，风险扩散速度更快，溢出效应更强；二是接受服务的多维长尾客户风险识别能力不高、损失承受能力有限，致使其潜在的社会危害更严重②；三是部分市场主体不尊重金融规律，激励扭曲，其本质偏离度更高③。人们难免存在疑惑，我国为何会出现互联网金融这种冰火两重天的变局式"金融"事件？互联网金融行业在历经了野蛮生长、风险频发、监管收紧直至全部"清出"，"昙花一现"的历史对金融改革有何启示？互联网金融领域消费者和投资者的权益因何未能获得有效保护？对这些问题的认识，不仅需要对互联网金融本质、适用场景以及固有风险、风险偏好等本源问题有所了解，也需要对互联网金融违法犯罪本质有一个较为全面客观的理解与评价，否则，就有可能将有些治理本身内生的"治理风险"嫁接到互联网金融的身上，就难以对其本身获得正确认识和对留下的教训获得深刻省察。

互联网金融历经从诞生到野蛮生长，从小众到大众，从跨越式发展到井喷式涌现，在充满争议中走过了从繁荣到没落再到灭失的过程。这一过程演绎出了"高危"的行业，不仅没能解决中国融资的难题，反而给中国经济添加了更多的风险，也让部分从业人员陷入囹圄之灾，其教训是深刻的，代价也是沉重的。但是，互联网金融作为一种金融业态，便利了人

---

① 国新办举行"权威部门话开局"系列主题新闻发布会 介绍坚定信心、守正创新，服务实体经济高质量发展，中国人民银行网，http://www.pbc.gov.cn/rmyh/3963412/3963426/4810126/index.html，2023 年 3 月 3 日。

② 陈鹏：《潘功胜：互联网金融没改变金融风险属性，传染性反而更强》，载《新京报》2019 年 12 月 17 日。

③ 黄紫豪：《关于互联网金融 人民银行副行长潘功胜谈成绩出点子 总体风险水平大幅下降三方面教训需注意》，载《上海证券报》2019 年 12 月 18 日。

们生活的同时，也在实践中改变了人们的理财、支付观念，改变了监管部门对金融创新的重新认识，留下了一个值得思考与反思的问题。我们反思互联网金融风险与风险治理历程可以发现，随着各种新型金融科技不断涌现，科技外衣改变不了金融本质，必须严防金融机构以新技术为外衣脱实向虚，必须时刻坚持金融服务实体经济的根本宗旨。也要时刻警惕互联网金融乱象在数字金融发展中重演，密切防范一些打着创新的旗号的数字金融"伪创新"的浮出。金融与科技融合发展方兴未艾。① 这也需要互联网金融领域及其从业者对互联网金融的短暂历史进行深刻反省，更需要理论持续不断地探索金融风险治理体系和治理能力现代化的建设道路，新组建的国家金融监督管理总局如何强化机构监管、行为监管、功能监管、穿透式监管、持续监管，又如何统筹负责金融消费者权益保护，加强风险管理和防范处置，依法查处违法违规行为，需要坚持金融创新与加强监管并重，在鼓励金融创新、激发资本市场活力、扩大金融开放与提升金融监管能力之间不断寻找新的平衡，寓监督管理于服务保障之中，用经济发展的增量消解金融存量风险，用法治的方式治理金融风险，认真落实党的二十大报告和中央经济工作会议专门对防范和化解重大经济金融风险作出的部署和安排，按照"稳定大局、统筹协调、分类施策、精准拆弹"的方针，统筹发展和安全，压实金融风险处置各方责任，防止金融供给和金融需要的空转，守住不发生系统性或者地域性金融风险的底线。

---

① 然玉：《互联网金融风险的教训非常深刻》，载《春城晚报》2020 年 1 月 7 日。

第一章
互联网金融历史演变及风险概说

　　互联网金融是传统金融机构与互联网企业利用互联网技术和信息通信技术实现资金融通、支付、投资和信息中介服务的新型金融业务模式。在一定意义上，互联网金融不仅包括互联网企业的金融化（金融科技），也包括传统金融的互联网化（网络银行）以及未来金融的数字化（数字金融）。就其实质而言，互联网金融不是简单的"互联网＋金融"，也不是一般意义的"金融＋互联网"。那么，对互联网金融如何认识和理解呢？这还需要从我国互联网金融的生长、发展过程予以考察，也需要对国外互联网金融发展的历史线索予以分析，以便能够较为科学地分析我国互联网金融模式，理性评价我国互联网金融政策以及相关规范和监管立场，这对规范互联网金融风险以及确立发展互联网金融的思路与策略具有重要意义与价值。

第一节　互联网金融缘起的考察与分析

　　互联网金融虽然存在我国民间金融长期发展积淀下来的因素，却不是我国土生土长的，而是源于国外金融业态的引进与改造和现代信息科技的发达和普遍应用。基于此，对此开展研究，需要从我国互联网金融发展历史的源头进行考察。互联网技术起源于20世纪70年代的美国，发展于20世纪90年代美国纳斯达克通过采用互联网技术开展线上证券交易的实践。1995年2月，美国成立了第一家网络保险公司 InsWeb，展开保险领域的大数据运用。1995 年 10 月，全球首家以网络银行冠名的金融组织——安全第一网络银行（SFNB）诞生。从此，打开了金融"虚拟之门"。这个时期，美国知名度最高的第三方支付平台 PayPal 出现。2005 年英国产生了网络借贷，由于该模式比银行灵活便捷、投资回报利率高，以至于被全球复制并不断推广。

一、小额借贷模式的缘起与发展

我国网络借贷平台可追溯到国外小额借贷模式，而小额借贷模式源于孟加拉国经济学家穆罕默德·尤努斯（Muhammad Yunus）首创的孟加拉国乡村银行或者格莱珉银行（Grameen Bank）。对国外互联网金融的考察，需要将小额借贷模式作为逻辑起点，从尤努斯的借贷模式谈起。

1974 年，孟加拉国出现了前所未有的饥荒，大量饥民涌入城市并企图获得食物。该国吉大港大学经济系主任穆罕默德·尤努斯在寻找解决贫穷办法的过程中，在走访一个村庄时发现了当地制作的植物编织花篮和工艺品，而许多妇女以此赚钱为生。因为这些妇女没有最初的原材料采购费，通常会向高利贷者借钱作为本钱。当她们借了钱编成花篮卖出去并归还高利贷后，所剩利润微乎其微，甚至没有任何资本积累。她们尽管如此辛劳，但其利润多数被高利贷剥夺，艰辛的劳作依然无法改变自己困苦的生活。其中，一个叫苏菲亚的妇女连买竹条的 5 塔卡（相当于 0.22 美元）都得依靠借高利贷，其每天辛苦劳作的收入仅有一两美分，根本无法养活自己和孩子们。尤努斯在此之前从未听说过一个人会因缺少 0.22 美元而受穷。特别是这个国家的金融机构不帮助他们扩展穷人的经济基础，也没有任何金融机构来满足穷人的贷款需求。于是，他对像苏菲亚这样依赖放贷的人进行搜索并列出 42 人的清单，其借款总额为 856 塔卡，合计总额 27 美元。1976 年，尤努斯自己拿出钱来借给村子里 42 个制作竹凳子的农妇。这种借贷利息合理，满足了她们的需要，就此诞生了小额信用贷款模式。

　　尤努斯的人到人的借贷不仅解决了贫困问题，还解决了商业的可持续问题，赢得世人的极大关注。尤努斯因此获得了2006年诺贝尔和平奖。[①]

　　我国小额贷款公司的兴起受到了孟加拉国格莱珉银行模式的启发。[②] 2008年5月4日，中国银行业监督管理委员会、中国人民银行出台了《关于小额贷款公司试点的指导意见》，中国银行业监督管理委员会、财政部、中国人民银行、中国保险监督管理委员会、国务院扶贫开发领导小组于2017年7月颁布了《关于促进扶贫小额信贷健康发展的通知》。这些规范性文件为小额贷款公司发展提供了依据。小额贷款公司的出现在一定程度上缓解了农业、农村、农民的资金紧缺等问题，但因其贷款原则是"小额、分散"以及"只贷不存"，无法享受金融机构拥有的待遇，[③] 在我国的发展过程中遇到了一些难题。小额贷款公司不具有传统金融机构吸收存款的业务资格，难以享受到国家对金融机构开展小企业和农户贷款的一系列优惠政策，在实践中出现了融资困难且融资成本高的问题。小额贷款公司的主要资金来源为股东的资本金、捐赠资金以及来自不超过两家金融机构的注资。而这些来自金融机构的资金之和不超过小额贷款公司注册资本的50%。因小额贷款公司受融资能力的限制，使其不可能做大，其定位不同于孟加拉国的格莱珉银行，对其如何发展存在不同的观点。有观点认为，小贷公司下一步发展方向是金融公司，而非村镇银行。也有观点认为，小额贷款公司最终或者能接受批发贷款，或者升级成村镇银行，这也

---

　　① ［孟］穆罕默德·尤努斯：《穷人的银行家》，吴士宏译，生活·读书·新知三联书店2015年版；丁伟：《尤努斯：穷人的银行家》，载《中国企业家》2006年第21期。

　　② 有观点认为，20世纪80年代中后期，在一次国际研讨会的资料上，杜晓山发现了尤努斯的乡村银行案例。1993年，杜晓山及其团队选定在河北易县开始尝试。1994年，在易县成立了首家"扶贫社"，并发放了第一批二十几户的小额贷款，开启了小额信贷的中国实践历程。而后，杜晓山及其团队又先后在河南虞城、南召，陕西丹凤，河北涞水和四川金堂等5个县建立了小额信贷扶贫试点。张天潘：《尤努斯小额信贷模式的中国实践》，载《南方都市报》2013年7月14日。

　　③ 2020年12月29日，《最高人民法院关于新民间优惠借贷司法解释适用范围问题的批复》认定，"由地方金融监管部门监管的小额贷款公司等七类地方金融组织，属于经金融监管部门批准设立的金融机构"。人民银行起草的《地方金融监督管理条例》曾将小额贷款公司等作为地方金融从业机构，后在2021年12月13日草案征求意见中改为地方金融组织，并未作为非银行金融机构。

是最初吸引投资者进入这一领域的最重要的原因。① 这种观点上的不同和定位上的不清，在一定程度上影响了小额贷款公司的发展。由于本书研究的内容并非是小额贷款公司，且我国的小额贷款公司与互联网金融网贷存在较大差异，对此仅做如上介绍，不再展开讨论。

二、网贷模式的生成与发展

网贷模式的雏形诞生于英国。英国伦敦 2005 年 3 月成立的 Zopa 被认为是世界最早的网贷公司。随后，这种模式在美国、日本和意大利等国家被推广。

> 2005 年 3 月，英国人理查德·杜瓦、詹姆斯·亚历山大、萨拉·马休斯和大卫·尼克尔森 4 位年轻人共同创办了全球第一家在伦敦上线运营的 P2P 网贷平台 Zopa（Zone of Possible Agreement）。该平台根据借款人在 Equifax 信用评级机构的信用评分情况对借款人进行风险评级，将其安排至相应等级的细分市场。然后，特定信用评级的出借人参考借款人的信用评级，并结合借贷期限，以自身贷款利率参加竞标，利率低者胜出。在此期间，Zopa 不提供相关投资建议，也不做投资顾问，不承诺本金和收益安全。投资者可列出金额、利率和想要借出款项的时间；借款者则根据用途、金额搜索适合的贷款产品；Zopa 则向借贷双方收取一定的手续费，而非赚取利息。在风险防控方面，Zopa 通过多对多的匹配方式分散借款人的风险。如果产生逾期账款，则交由催收公司处理。②

出借人在 Zopa 平台上可获得的收益高于银行存款的利息，其成本却低于市场的平均水平。为了保证资金的安全，Zopa 对客户实行实名认证、考察信用评级、强制借款人每月还款，并将每个出借人的资金平均发放给 50 个借款人。这样，风险不会过度集中于一个借款人，具有小额风险分散的功能。英国的金融行为监管局（FCA）是行业的主要监管者，公平交

---

① 成无净：《中国小贷信贷 困局中寻找出路》，载《时代周报》2012 年 8 月 16 日。
② 杜晓山：《国内外 P2P 网贷机构发展及相关政策思考》，载《西部金融》2013 年第 8 期。

易办公室（OFT）具体负责监管。2011 年 8 月，英国成立了互联网金融行业协会。该协会在投资者保护和促进 P2P 市场有效监管方面发挥了一定的作用。然而，英国在此方面也存在不成功的案例。例如，2011 年，英国公司 Quakle 仅仅经营一年后便停业，留下了近 100% 的拖欠贷款。Quakle 在其平台上根据一组分数衡量借款人的信誉，依赖社会媒体数据来计算借款人的信用等级，这种信用评级极不可靠，尤其是单纯采用社交媒体来计算信度存在更大风险。Quakle 的惨败说明了借款人信用是网贷运营的关键。基于 Quakle 的教训，2014 年 FCA 筹划采用风险准备金、坏账率说明、合格投资者以及风险披露等严格的规章制度，防止网贷平台通过虚假信息和误导性的高额回报率来诱导投资人借款给风险较高的借款人，旨在进一步保护金融消费者权益。

美国的网贷平台主要有：Virgin Money 和 Kiva（2005 年）、Prosper（2006 年）和 Lending Club（2007 年）等。其中，Prosper 和 Lending Club 在美国处于主导地位。

Prosper 公司是美国第一家 P2P 网络借贷平台。该平台于 2006 年 2 月 5 日正式上线运营，其模式借鉴了英国 Zopa 的做法，并改造为类似于 eBay 且适合美国的拍卖模式。Prosper 借贷人需要说明自己借钱的理由和还钱的时间，贷款额最低 50 美元。其中，借款人提交相关借款需求申请，申请包括自己的个人信用评级、借款用途、能够接受的利率等相关信息。然后，发布相关信息，投资人出价，按照相关规则，最后撮合成交。Prosper 公司从借款人处提取每笔借贷款 1% ~3% 的费用，从出借人处按年总出借款的 1% 收取服务费。这种模式能够帮助人们方便地相互借贷，其收益源于借贷双方。

美国的借贷平台发展初期也未向美国证券交易委员会（Securities and Exchange Commission，SEC）办理收益权凭证的注册登记手续。由于美国这一时期的网贷对于借款人资格没有限制，以至于实践中出现了逆向选择和高违约率现象。2008 年 11 月，美国证券交易委员会对 Prosper 发出暂停业务的命令（cease and desist order）。在被 SEC 叫停后，Prosper 主动与监管机构沟通并进行了整改。在此期间，美国的网贷机构 Lending Club（LC）超越了 Prosper。

2006 年，拉普兰奇（Laplanche）创办了 Lending Club。Lending Club 是一个人人贷的互联网平台。在创立之初，Lending Club 仅提供个人贷款。这些贷款多被用于再融资和偿还信用卡。个人贷共有二年、三年、五年三种期限可供选择，贷款额度从 1000 美元到 35000 美元不等。网络银行（WebBank）向借款人发放贷款后，将债权出售给 Lending Club。然后，Lending Club 再以债权收益凭证的形式卖给投资者，其中的投资者大部分是个人投资者。网络银行是 Lending Club 的商业模式中最核心的部分。因为 Lending Club 本身只是一个平台，没有任何银行业务。到 2012 年底，其贷款总额度超过了 10 亿美元，同期 Lending Club 的现金流入首次大于现金流出，实现了盈利。Lending Club 不断拓宽业务模式，发展了资产证券化的商业模式。借贷人首先在网站申请借贷，在获得投资人足够认购后，由一家银行审核其贷款资格，并由银行直接放贷给借款人。然后，Lending Club 从银行手里买走这笔贷款，进行打包证券化后出售给平台上的其他投资者，实际上是从银行账面走一圈，然后证券化了银行的贷款，再打包卖给其投资者。2014 年 Lending Club 成为网络贷款首家上市的公司。

Lending Club 在经营上使用了计算机算法，将借方和贷方进行合理配对，其本身不承担任何违约风险，仅通过交易佣金来赚钱。从投资者来看，Lending Club 收取 1% 的服务费。对借贷者而言，Lending Club 在贷款发放时收取 1%～5% 的产品设立费用。Lending Club 作为典型的互联网金融中介是通过互联网的便利性来解决贷款和存款利率中信息不对称性问题。2016 年 5 月 9 日，美国证券交易委员会在 Lending Club 提交的报告中的"内部评估"环节发现了两笔总额为 2200 万美元的贷款违规出售问题。一笔 300 万美元的交易，被一名员工擅自修改提前了申请贷款的日期；另一笔，拉普兰奇隐瞒了其中的利益关系。这次事件导致的结果是，拉普兰奇和另外三名高管离职，Lending Club 股价受此影响大跌 34.93%，市值缩水至不足 20 亿美元，与 2014 年 12 月上市时相比缩水了八成。高盛与杰富瑞集团宣布不再投资 Lending Club 的贷款项目，由 200 家银行组成的社区银行组织 BancAlliance 也宣布暂停与 Lending Club 的合作。

Lending Club 在诸多银行竞争激烈的背景下，其目标主要是一些征信不佳的客户群体，投资端多以机构为主，个人投资者参与较少。伴随着行业规模收缩和无休止的监管、集体诉讼以及商誉减值等因素，导致公司营收和贷款交易规模增速大幅放缓，贷款逾期率飙升，亏损扩大，使得美国网贷行业陷入低谷。

三、国外互联网金融模式的分析与启示

无论是英国的 Zopa 还是美国的 Prosper、Lending Club，在其发展过程中均出现了一些风险问题。我国在引进与改造网贷模式时，这些风险并未消失。如何避免国外互联网金融模式风险在我国出现，便成为我国制定互联网金融政策以及确立监管制度需要考虑的问题。

从孟加拉国乡村银行到英国网贷再到美国金融中介服务，尽管它们诞生的背景不同，其发展历经了不同的时代，却均是金融与时代以及科技结合的产物，无法摆脱存在的金融风险。在现代金融体系中，我国贷款需要抵押担保已经成为金融机构惯常的做法与传统习惯。格莱珉银行在未获得任何抵押的情况下向穷人发放贷款打破了传统银行家对传统金融的认识。然而，尤努斯创建的孟加拉国乡村银行贷款对象仅限于穷人，额度很小，无须抵押，因而被人们称为"穷人的银行"，具有普惠的特点。孟加拉国乡村银行的成功对于解决穷人借贷问题、缓解国内矛盾、打破农村金融思维定式具有价值，也引起世界对穷人经济学的特别关注。[①] 而 Lending Club 从事金融业务，依然存在较强的反射性，出现负债需要再融资，融资成本会不断累高，一旦融不到资，其运营就会出现恶化，甚至面临倒闭的风险。我国的金融体制机制、金融生存环境以及互联网金融应用与这些国家存在较大的差异，但对于无担保以及在信用缺失的背景下，如何保证互

---

① 钱晓凤：《论孟加拉国乡村银行成功的原因及意义》，华东师范大学硕士学位论文，2007 年。

联网金融可持续发展依然是一个需要探索的问题。如果简单模仿或者移植不同背景下的国外模式和做法，在实践中不仅会衍生出东施效颦的问题，也有可能出现南橘北枳的效果，甚至会因风险治理的政策与治理路径不对路导致其模式不断跑偏。促进互联网金融助力实体经济高质量发展和改善人民生活，互联网金融监管如何控制互联网金融风险便是现代信息化社会亟待研究的问题。

第二节　我国互联网金融风险的镜像与特点

我国互联网金融从诞生、生长到发展历经多年，从单一地为金融机构提供网络技术服务，逐渐深入到金融业务领域，进而形成了第三方支付、网贷平台、众筹等新型互联网金融业态。互联网金融作为新兴的非传统金融业态，在帮助融资方解决流动性资金或短期资金需求的同时，也暴露出了一些问题和风险隐患，并在实践中引发了一些影响较大的风险事件，给现代金融体制机制改革以及监管带来了新的挑战。

一、我国互联网金融风险的镜像

互联网金融属于金融，必然存在传统金融的一些固有风险。不仅如此，金融与互联网技术融合后，又携带了互联网技术特征的网络信息安全风险、平台安全风险、终端安全风险等问题。由于互联网金融的跨地域、跨业界特性和风险事件的突发性，极易引发地域性或者系统性风险。这些风险主要表现为：受经济下行压力和市场环境影响而形成的市场风险；期限错配或者金额错配问题导致的流动性风险；借款人或平台自身因信用问题带来的违约风险；内部管理缺失出现的有关人员挪用客户资金形成的操作风险；平台承诺保本保息及洗钱导致的合规风险等。我国互联网金融的常见风险主要体现在如下几个方面。

（一）互联网金融的政策法律风险

我国的互联网金融发展主要源于国家有关互联网金融政策，缺乏具有针对性的法律法规。由于相关政策多为鼓励措施，在监管上留有多处空白或者存在漏洞，引发很多领域因监管缺失或者缺位而出现寻租的现象，再加上政策的不稳定性和发展的探索性，给发展带来了不确定风险，特别是遇到政策变动或者与法律不一致，致使其风险表现出极大的不确定性和不可预测性。例如，2013 年 9 月 23 日，中国银监会组织开展了专门调研，发现人人贷存在大量潜在风险，办公厅发布了《关于人人贷有关风险提示的通知》："人人贷中介服务主要存在以下问题和风险：一是影响宏观调控效果。在国家对房地产以及'两高一剩'行业调控政策趋紧的背景下，民间资金可能通过人人贷中介公司流入限制性行业。二是容易演变为非法金融机构。由于行业门槛低，且无强有力的外部监管，人人贷中介机构有可能突破资金不进账户的底线，演变为吸收存款、发放贷款的非法金融机构，甚至变成非法集资。三是业务风险难以控制。人人贷的网络交易特征，使其面临着巨大的信息科技风险。同时，这类中介公司无法像银行一样登录征信系统了解借款人资信情况，并进行有效的贷后管理，一旦发生恶意欺诈，或者进行洗钱等违法犯罪活动，将对社会造成危害。四是不实宣传影响银行体系整体声誉。如一些银行仅仅为人人贷公司提供开户服务，却被后者当作合作伙伴来宣传。五是监管职责不清，法律性质不明。由于目前国内相关立法尚不完备，对其监管的职责界限不清，人人贷的性质也缺乏明确的法律、法规界定。六是国外实践表明，这一模式信用风险偏高，贷款质量远远劣于普通银行业金融机构。七是人人贷公司开展房地产二次抵押业务同样存在风险隐患。近年来，房地产价格一直呈上涨态势，从而出现房地产价格高于抵押贷款价值的现象，一旦形势发生逆转，就可能对贷方利益造成影响。同时，人人贷中介公司为促成交易、获得中介费用，还可能有意高估房产价格，严重影响抵押权的实现。"

互联网金融因没有专门的法律法规予以规范，其监管制度也存在难以适应其发展的情况，致使其违法违规的风险和政策调整引发的风险相对突出。上述通知针对人人贷中介公司可能存在的风险与问题，要求"银行业金融机构务必采取有效措施，做好风险预警监测与防范工作"。如果政策定位不准或者出现偏差，时常会给互联网金融带来一些经营风险。这些风险多数不是源于对法律法规规章的违反，而是有关交易各方的法律权利义务不明确和业务边界的不清晰。我国有关金融的法律法规的规制对象主要是传统金融领域，而这些法律法规无法完全契合互联网金融的独有特性，势必带来政策鼓励与法律规制的紧张，一旦陷入法律盲区引发风险事件，其结果不仅是互联网金融企业与金融消费者两败俱伤，还会影响银行的声誉。

（二）互联网金融的信用风险

信用风险是金融活动中最早出现也是最为常见的风险，主要存在于债务关系和交易中。当交易双方有一方不能履行合同义务，就会导致信用风险。尽管所有的金融交易都涉及信用风险，但互联网金融的信用风险尤为突出。例如，网贷行业除了存在"共债模式"导致的信用风险外，还存在借款人主动逾期，甚至有浑水摸鱼者恶意煽动投资人情绪而故意不还款的情况，特别是一些不实传言或不当报道误导社会舆论，造成投资人信心不足，在一定程度上加剧了恐慌情绪等带来的风险。中国互联网金融协会曾经针对一些地区网贷行业出现的项目逾期增加、平台退出增多、部分借款人恶意逃废债等现象发布消息，要求加强社会诚信文化建设，相关部门应进一步加大打击"恶意逃废债"等行为，维护规范合同的存续效力。例如，2018 年 8 月 8 日，互联网金融风险专项整治工作领导小组办公室下发了《关于报送 P2P 平台借款人逃废债信息的通知》，内容如下：

> 近期 P2P 网贷机构风险频发，部分借款人借机"恶意逃废债"，逾期不还款，等待 P2P 平台资金链断裂倒闭，从而逃脱还款义务，加剧了 P2P 平台的风险爆发。为严厉打击借款人恶意逃废债行为，现就有关工作要求通知如下：

> 请各地根据前期掌握的情况，上报借本次风险事件恶意逃废债借款人名单。全国整治办将协调征信管理部门将上述恶意逃废债信息纳入征信系统和"信用中国"数据库，对相关逃废债行为人形成制约。

对于恶意逾期的借款人开展失信联合惩戒是必要的，也符合互联网金融无担保方式融资的本质。然而，互联网金融必须依赖数据的大量积累和大数据处理能力的不断提升，解决信息不对称及其信用问题，实现交易成本的大幅下降和风险分散的目标，提供更有针对性的特色服务和更多样化的产品，从而提高互联网金融服务覆盖面和服务中小微企业的能力。由于我国互联网金融发展的程度有待提高，社会信用体系不尽完善，以及依靠外界力量对交易双方的信用状况进行准确评价的障碍，以至于互联网金融领域出现了一些"共债"和"逃废债"等现象。行业中，还存在多头负债、过度负债、一人多贷以及多个平台倒贷的现象，特别是在P2P爆雷不断、行业陷入流动性危机时，有些借款人持有"等平台死了，就不用还钱了"的侥幸心态，到期应当还款而恶意拖欠不还，有借款人潜入投资人群里，恶意煽动情绪，制造恐慌，甚至扮演投诉者的角色进行恶意投诉，致使有些互联网金融企业因"逃废债"陷入困境。这种现象引发了一些连锁性反应，刺激一些本来有能力还款的借款人也走上"逃废债"之路，导致互联网平台资金的流动性出现问题。信用风险引发流动性问题是平台倒闭的重要因素。例如，因流动性风险导致破产的雷曼兄弟公司就是例证。①

2006年，以债券和债券衍生品作为主要业务的雷曼兄弟居次级债券承销商之首，约占美国抵押债券市场份额的11%，2007年上升到12.1%，并成为华尔街打包发放住房抵押贷款证券最多的银行。2008年次贷危机爆发后，因美国政府拒绝为收购提供保证，美国银行、巴克莱银行等潜在收购者相继退出谈判，致使拥有158年历史的雷曼兄弟破产。雷曼倒闭的原因是复杂的，既有内因，也有外因。外因包括过时的市场规则、虚假市场谣言、监管机构反应迟钝以及华尔街的"恐慌风暴"，致使出现资金流动性问题成为破产的关键因素。雷曼兄弟公司进入不熟悉的业务，自身资产过少，杠杆率过高，持有大量不良资产，最后表现为典型的流动性危机。遇到流动性不足时的融资渠道主要是，一

---

① 宋昀澄：《SWOT模型分析资产证券化业务——以雷曼兄弟破产为研究案例》，载《现代经济信息》2019年第15期；任义涛：《曼兄弟破产的前因后果》，上海师范大学硕士学位论文，2011年。

是向市场借；二是向同业借，如果是分行还可以向总行借；三是向央行借，央行是最后贷款人。纽约联储银行执行副总裁兼总顾问巴克斯特（Thomas C. Baxter）在美国金融危机质询委员会就"雷曼案"所做的证词显示，纽联储无权提供"裸担保"即没有相应的反担保，这将会使美国纳税人为雷曼兄弟公司的全部交易债务承担风险。致使到了后来，美国国会通过了紧急经济应对法案（EESA）。该法案赋予财政部提供担保的法定权力，可以救助后面的其他几家投资银行。可以说，雷曼兄弟公司破产不是因为偿付能力问题，而是因为流动性不足。

我国互联网金融尤其是网贷平台遭遇严重资金流动性危机也会传染至资产端，在集中兑付下加剧行业的流动性危机。由于互联网金融自身没有类似于商业银行的贷款风险拨备机制，缺乏有效的、可持续的风险对冲机制，再加上行业被禁止拥有资金池，每笔投资须有明确标的，且没有金融杠杆。倘若资本金不足，借款人就会出现规模化违约。其性质更接近信用风险，最终依然会演变为流动性风险。①

（三）互联网金融模式创新不成功的风险

互联网金融创新是其发展的根本途径。任何创新都会面临风险，存在失败的可能。一旦突破原有政策法律的创新不成功，则会遭受政策法律的制裁。尽管互联网金融创新具有转移和分散金融风险的功能，却无法消除整体风险，只是分散和转移了个别风险。例如，2017年2月17日，央行金融市场司向银监会、证监会、工商总局等下发的《关于商请京东"白拿"业务定性的函》引起了业内的普遍关注。②

"白拿"是京东金融于2015年8月18日上线的一款金融创新产品，融合了网购商品和网上理财，其前身是"0元购"，口号为"赚钱购物，全场白拿"。根据约定，用户需购买一定数额的定期理财来换取相应的产品，等于将收益前置。从交易架构来

---

① 薛紫臣、董小君：《互联网金融流动性风险生成机理及化解》，载《国家行政学院学报》2016年第3期。

② 董兢：《京东"白拿"之鉴》，载《财新周刊》2017年第10期。

看，"白拿"将三笔金融交易与一笔商品交易捆绑为一个交易组合。具体业务流程为，消费者在京东金融平台上购买广金中心发行的理财产品，消费者通过信托贷款购买白拿商品，以理财收益偿还信托贷款。然而，购买了理财产品的用户，没有清晰地获知自身需要承担的"白拿"的隐藏风险。其交易由"商品—消费者—理财产品—贷款"构成，是将三笔金融交易与一笔商品交易捆绑为一个交易组合。

这种交易模式带来的疑问是，中融信托是贷款发放者，其发放的贷款来自京东金融。消费者先购买一份京东金融的理财产品，同时申请一笔与理财产品同期限的信托贷款，然后将这笔贷款支付给电商平台用于购买相关商品。一旦理财产品与信托贷款到期后，消费者委托京东金融用理财产品收益来偿还信托贷款的本息。用户只需购买一定数额的定期理财，就可以"免费"换取相应的商品，但其交易结构是通过消费者的"理财收益前置"来购买商品。这种"创新"模式，因京东"白拿"本身的业务定性不明确而引发如下争议。①

一是"白拿"是否涉嫌误导宣传问题。该函件认为：京东金融涉嫌承销未经核准擅自公开发行证券、涉嫌误导欺诈、涉嫌商品交易误导宣传、中融信托涉嫌违规。此种模式中，中融信托的委托人是北京京奥卓元资产管理有限公司，其表面上是信托贷款的贷款人，实质上是京奥卓元资产管理有限公司委托中融信托为消费者发放贷款来购买京东的商品，从一定意义上说，京东金融借给消费者钱去买京东商城的东西，且收了 5.5% 的利息。这款"白拿"产品的体验结构并不是简单地购买理财产品赚取收益。仅仅就单一的关系来看，任何独立的双方都不存在问题。如果对消费者、京东金融、信托公司、广州金融资产交易中心等存续的关系以及产品之间进行关联性分析，可以发现这是一个较为复杂的嵌套式交易模式以及权利义务主体不清的问题。如果仅就表面而言，消费者极易被误导。对此分析如下：（1）消费者与京东金融签订《平台服务协议》形成的关系，确认

---

① 王莹：《京东金融"白拿"被指违规 封杀金交所模式真意图隐现》，载《第一财经日报》2017 年 2 月 19 日。

的是用户使用京东"白拿"服务关系。（2）消费者与信托公司签订的《信托贷款合同》，形成了向信托公司申请贷款而又用其贷款购买商品的双重关系。（3）消费者与广州金融资产交易中心签订的《开户协议》和《产品合同》，其目的是为了认购理财产品。（4）消费者与京东金融签订的《委托代扣服务协议》，旨在授权京东金融可以在理财产品到期后扣取收益，继而偿还信托发放的贷款。在这种多重关系中，消费者在购买商品以及理财产品上获得"债务人"的第三重身份。倘若信托贷款出现问题，消费者必然要承担贷款偿还的义务；如果偿还不成功，则成为失信人员，存在被纳入央行征信记录的可能。这种失信将会影响消费者的购房贷款以及信用卡申请等与信用有关的权利。这些问题虽然具有潜在性，甚至仅仅是消费者的行为所致，但依然根植于这种所谓的"白拿"创新模式且是参与模式衍生出来的。

二是产品定性的模糊不清导致所对接的理财产品存在涉嫌将"私募"产品"公募"化。此模式中，广州金融资产交易中心发行的"京穗月月盈七号理财计划二"分多期发行，认购起点金额为人民币100元，单期产品持有者人数不超过200人，每期产品单独备案。"白拿"通过广州金融资产交易中心由消费者直接购买其发行的理财产品，但广州金融资产交易中心没有经过金融监管部门许可或者审批而不具有金融机构的资格。根据法律规定，不得向公众募集资金。广州金融资产交易中心发行的"京穗月月盈七号理财计划二"，其100元的认购起点金额远低于集合资金信托、私募投资基金、资产管理计划等私募产品，又约定单期产品持有者人数不超过200人，存在私募产品"以大拆小"的嫌疑。如果将其视为"公募"，因未经审批，属于无照经营；如果将其定义为"私募"，又因不符合投资单只私募基金不少于100万元金额的合格投资者要求，涉嫌违规。无论是作为公募还是作为私募，对其产品定性依然存在是否违规的疑惑。

此外，消费者购买理财产品的理财收益与信托贷款的利率之间，在除去商品价值本身后还存在一定的利差。这种利差一旦积少成多，就成为需要规范的问题。由于利差在购买过程中无法确定其最终流向，其风险较大，以至于京东"白拿"事件被认为是在考验金融监管和金融平台创新之间的关系。① 互联网金融平台面向众多个人投资者出售金融产品，其环节众多，嵌套复杂，致使各个环节无法消除风险，仅仅是风险转嫁。对于金融而言，如果风控层层失守，极易出现多米诺骨牌效应，酿成风险事件。特别是互联网金融平台与地方股权交易中心绕开监管的"创新"合作以及以监管套利、无序扩张为主要形式的"伪创新"，带来了新型的风险。

（四）互联网金融信息泄露影响个人信用的风险

随着大数据技术应用的日益广泛，且人工智能技术的应用，生物识别技术在身份验证、支付等场景的应用逐渐增多，互联网金融汇集的消费者个人信息面临着泄露渠道多、泄露范围广、泄露速度快、泄露规模大的新特点。股权众筹、网络贷款、互联网理财产品销售等平台在给大众带来极大便利的同时，泄露消费者个人信息的事件也时有发生。一般情况下，互联网金融平台在客户注册时，会收集客户姓名、联系方式、身份证号码、银行卡号甚至密码等大量个人敏感信息，这些个人信息一旦通过平台泄露给他人，就会给客户带来个人隐私受侵犯以及资金损失等风险。因此，金融监管部门不断加强对网络爬虫、互联网征信、风控的强监管。例如，2019 年 10 月 12 日，北京银保监局《关于规范银行与金融科技公司合作类业务及互联网保险业务的通知》指出：

> 严禁与以金融科技之名从事非法金融活动的企业开展合作；严禁与虚构交易背景或贷款用途，套取信贷资金的企业开展合作；严禁与以非法手段催收贷款的企业开展合作；严禁与以"大数据"为名窃取、滥用、非法买卖或泄露客户信息的企业开展合作。

互联网金融依赖人工智能等金融科技，具有互联网数据的特点，使相关信息能够快速传播，但又使得纠错成本更高，尤其是对融资者的信用评

---

① 张威、陆玲：《涉嫌私募产品违规拆分，京东"白拿"下线》，载《财经》2017 年 2 月 18 日；《京东白拿被指违规 与交易所合作模式引争议》，载《经济参考报》2017 年 2 月 21 日；崔启斌、刘双霞：《网传京东"白拿"遭央行发函 京东金融回应：主动合规》，载《北京商报》2017 年 2 月 17 日。

级错误，可能给融资者权益带来很大的损害。为此，我国颁布了《中华人民共和国刑法修正案（七）》《中华人民共和国消费者权益保护法》《中华人民共和国数据安全法》《中华人民共和国个人信息安全法》以及2013年7月发布了《电信和互联网用户个人信息保护规定》、2015年11月发布了《国务院办公厅关于加强金融消费者权益保护工作的指导意见》和2020年11月1日施行了《中国人民银行金融消费者权益保护实施办法》等法律法规规章。互联网金融平台如果没有妥善地保护消费者、投资者的个人信息和隐私，出现泄露事件，带来的不仅是相关法律法规制裁的风险，还会带来影响社会稳定的风险。

（五）互联网金融消费引导影响社会价值的风险

有些互联网金融通过小视频、抖音等投放广告获客，鼓励年轻人超出自身消费能力过度消费，带来了消费价值观的负面风险。伴随着社会的消费升级与消费分级，以高利率、无担保为主要特征的消费金融产品倍受年轻人欢迎。于是，在资本逐利互联网消费金融的同时，采用金融手段诱导和催生消费，通过借贷购买超过自身负担能力的高端产品，误导年轻人工作和消费的价值观。由于年轻人过度借贷，对高额消费负债的还款能力和风险把控不足，极易导致较高债务风险，因无力偿还导致社会不良事件时有发生。因为金融模式创新都自带负面特性，且随着时间推移，这种创新的负面性会越发凸显，极易让年轻人掉入消费陷阱。消费金融开疆辟土显示出勃勃生机背后也潜伏着重重风险。例如，2020年11月2日，中国银保监会、中国人民银行等部门起草的《网络小额贷款业务管理暂行办法（征求意见稿）》向社会公开征求意见，要求小额贷款公司应与借款人明确约定贷款使用情况，并按照合同约定对贷款使用情况进行监控。贷款用途应符合法律法规、国家宏观调控和产业政策。网络小额贷款不得用于以下用途：（1）投资债券、股票、金融衍生品、资产管理产品等；（2）购房和偿还住房抵押贷款；（3）部门禁止的其他用途。这些规定释放了加强监管的信号。

互联网金融引入新型科技，在让金融焕发新面貌的同时，其风险并没有减少，甚至出现了更多、更复杂的新型风险。这些新风险主要涉及行业运作透明度低、关联交易产品嵌套复杂、业务交叉的场景丰富、快速性强、传导风险大等问题，特别是部分互联网金融平台迎合客户的理财迅速获利的需求，将一些高风险项目、虚构项目包装成理财产品，拉拢银行员工向银行的消费者推送。有些盲目追求高收益的投资者在投资遭受重大损失后，利用与该平台企业有业务关联的银行开户、转账等业务环节中的一些瑕疵向银行索赔，以便转嫁损失。这些不良行为不仅影响银行业的声誉，还将风险通过多种途径向银行传染。一旦互联网金融产品不能按期兑付，则会引发群体聚集事件，会对社会安全问题造成负面影响，也会迫使政府部门及监管部门投入大量资源进行维稳，影响了正常的金融秩序。互联网金融蕴含的风险在短期内难以有效彻底改善，特别是金融平台交叉销售、交叉运作和交叉投资的方向越来越具有跨行业、跨市场、跨机构的特征，多方合作的交叉性金融产品在市场上也越来越多。由此带来产品结构过于复杂、合同约定责任不清、变相监管套利、跨行业和市场的风险传递等各类问题及风险点。为此，2021 年 12 月 29 日，中国人民银行印发了《金融科技发展规划（2022－2025 年）》。这不仅要求监管部门积极防御一些相关负面消息和风险事件的出现，还需要将其纳入监管以及明确监管主体责任与目标范围，强化金融科技审慎监管，从而减弱市场对其潜在不当行为与风险传递的担忧。

二、互联网金融风险的特点

互联网金融本质仍属于金融，没有改变金融风险的隐蔽性、传染性、广泛性和突发性特点，存在不同于传统金融固有风险的特别风险。当互联网金融业态或者模式出现差异时，其风险又呈现出与传统金融不同的特点。

（一）互联网金融风险扩散与传导速度快

互联网金融具有跨界、跨区域的交叉混业的特征，与传统金融相比，其风险扩散速度更快、溢出效应更强。传统的线下支付交易结算即使出现的偶然性差错或失误，还有一定的纠正时间，而在互联网金融的网络环境中尤其是数字金融，这种回旋余地大为缩减。因为互联网或者移动互联网内流动的并不仅仅是现实货币资金，而更多的是数字化信息，当金融风险在短时间内突然爆发时，就会加大金融风险的扩散面积，及时阻断或者化解就更加困难，其补救成本相对较高。金融行业和互联网行业本身属于高风险行业，互联网金融属于互联网与传统金融的融合与创新，其风险具有叠加性，其风险程度远远高于传统金融。互联网金融中普遍存在的跨界和跨区域经营会为金融风险溢出提供可能，风险扩散速度和面积与传统金融相比更快、更大。

（二）互联网金融风险监管难度大

互联网金融中的网络银行、手机银行等的智能化交易和支付过程均在互联网或者移动互联网上完成，交易的虚拟化使金融业务失去了时空限制，交易对象因非接触性变得模糊，交易过程更加不透明，金融风险形式也更加多样化，对风险防控和金融监管提出了更高的要求。由于被监管者和监管者之间信息不对称，金融监管部门难以准确了解互联网金融主体间资产负债的实际情况，针对可能的金融风险难以采取切实有效的措施，监督手段相对落后于互联网金融发展速度，况且在互联网金融发展过程中，互联网公司、通信运营商等非金融类企业纷纷进入金融领域，互联网金融领域的新产品、新业态与新模式、新功能不断涌现，监管部门间职责和权限边界不清，导致互联网金融行业监管出现漏洞或者留有空白，再加上接受服务的多维长尾客户风险识别能力不高、损失承受能力有限，致使潜在的风险相对严重。对其采用传统的监管方式难以奏效，而技术管理全覆盖相对困难，增加了监管难度和徒增了监管成本。

（三）互联网金融风险交叉传染的可能性强

由于互联网金融风险的传染性和涉众性强，致使网络数据信息安全风险更加突出。传统金融监管可通过分业经营、设置市场屏障或特许经营等方式将金融风险隔离在相对独立的领域，而互联网金融中的这种物理隔离的有效性相对较弱，互联网金融业主与客户之间的相互渗入和交叉，使得金融从业机构间、各金融业务种类间、地域间的风险相关性日益增强，突发性金融风险事件出现的可能较大。网络技术的应用与普及，致使互联网金融风险集中于政策风险、信用风险、流动性风险、挤兑风险等方面，与传统金融风险相比，风险更隐蔽和易于扩大，"羊群效应"增强。① 例如，近年来被媒体曝光的问题平台主要存在违规销售产品、提现困难、卷款跑路等现象。如果不同互联网金融企业之间的行为风险是相互关联并交叉感染的，其"羊群效应"有可能给整个金融体系带来威胁。

（四）互联网金融风险的影响面积广

互联网金融因其网络的社会属性，特别是多节点之间的强密度连接，导致互联网金融风险在一定社会网络下不断形成、集聚和扩散，并形成了一个虚拟的社会。其社会属性体现出较强的交叉网络外部性，双边需求的强依存性，造成梅特卡夫现象。② 假设网络中总人数是 n，那么网络价值可表述为 $Value = \alpha n^2$。同理，基于网络而生的互联网金融风险可以表述为 $Risk = \alpha n^2 + \beta$，此风险呈指数型放大增长。③ 这种风险的叠加以及无地域限制的传播，造成的影响涉及面广。

另外，我国互联网金融平台无法对客户信用状况进行准确判断，如果要准确甄别客户信用状况，就必须依托央行征信系统和民间征信公司数据以及大数据对信用的分析，加入该类系统平台都需要支付相应费用。许多互联网金融平台由于没有长远的、系统的规划，且投入资金有限，因而没有办法降低信用风险。同时，互联网金融企业的交易数据没有加入征信系统，客户的违约成本相对较低，极易产生道德风险。在道德风险较高、违约率较高的情况下，互联网融资面临着更高的风险溢价，融资者必须支付更高的利息，导致优质的融资者不愿意在互联网金融平台进行交易，剩下的融资者只能是资质较差和信用记录不良的融资者，产生了逆向选择问题，互联网金融市场的有效性难以实现。

---

① "羊群效应"是指一家互联网金融机构的不当行为会扩散到整个行业，且该行为渐渐被视为"市场惯例"。
② 所谓梅特卡夫定律是计算机网络先驱罗伯特·梅特卡夫作为 3Com 公司的创始人提出的网络价值以用户数量的平方的速度增长的一种网络技术发展规律。其具体表现是网络价值与网络节点数的平方，与联网用户的数量的平方成正比。
③ 程雪军：《互联网金融控股公司的风险特性与监管建构》，载《银行家》2019 年第 2 期。

第三节　互联网金融风险整治的价值

互联网金融的各种风险频出诱发了整个互联网金融的定位不清晰，与其倡导的降低信息不对称、提高透明度不相符，甚至出现了新的信息不对称和不透明问题。对此，需要深入研究互联网与金融契合所带来的长尾风险、技术风险、信息安全风险、网络安全风险等新生风险的特点，采取投资者适当性、强化信息披露、产品登记等相关制度予以规制。同时，需要建立协同监管的工作机制，密切跟踪互联网金融创新行为，评估其风险，及时调整相关监管规则、行业标准和政策措施。这些问题的解决还需要将符合客观规律和实际需求的创新和违背客观规律的创新、合理合规的创新和脱离理性的创新、立足服务实体的创新和脱实向虚的创新区分开来①，实行新的监管以及风险治理模式。这种新的监管与风险治理应根据互联网金融的业务模式及运营方式有针对性地实施，需要建立有效清理披着互联网金融外衣的"伪互联网金融"，改变互联网金融仅仅注重用户体验和追求极致效率而忽视金融安全与风险控制的急功近利的现状，在监管中不断纠正偏离金融本源的倾向，激励互联网金融行业向合规化发展，同时给出适当空间让互联网金融行业创新，压缩风险溢出的空间，阻断风险扩散的渠道，保障风险在可控的范围内，但不是消灭风险。基于此，互联网金融风险整治需要采取以下措施。

一是"监管协同，激励创新"。作为一种新金融业态的互联网金融需要创新监管模式。对如何监管互联网金融存在不同的观点。② 有观点认为，互联网金融创新必须要先于金融监管，这样才能够最大限度地保证其创新发展，从而为金融市场的完善与发展提供更多的经济动力。因为互联网金融作为逆生性很强的新生事物，监管者不可走传统金融监管的老路。也有观点认为，应将金融监管置于更为优越、提前的位置，认为创新必须

---

① 李东荣：《构建互联网金融风险治理体系》，载《中国金融》2016 年第 6 期。
② 肖飒：《互联网金融之创新与监管》，载《证券时报》2018 年 4 月 21 日。

在监管框架下进行"微创新"。其理由为，只有金融监管充分涵盖了互联网金融发展的方方面面，才能有效化解互联网金融发展过程中可能出现的阶段性问题，才能从根本上避免互联网金融的虚假繁荣。还有观点认为，基于纷繁众多的互联网金融模式及"涉众性"的特点，对于金融监管与互联网金融发展的关系应该根据各类互联网金融模式的不同特点和历史阶段有针对性地进行确认。由于不同金融业态下的"互联网＋"模式创新层出不穷，但立足点和核心终究都是金融，互联网金融监管既需要维护金融健康发展的外部条件，又要兼顾互联网企业创新的积极性，这就要求监管红线应具有较强的灵敏性和弹性。上述观点折射出监管与创新之间的复杂关系。实质上，监管是为了发展，而不是抑制其发展；创新也是为了发展，不能因创新影响发展。不可否认，创新的背后可能隐藏着新风险或者因创新不成功带来风险，特别是在金融活动、金融主体以及金融市场间关系不断变化的过程中，如果仅仅为了保障金融秩序的稳定而极力一味推行"强监管"，就会压抑金融创新的活跃性，不利于金融的创新发展，也就失去了监管的意义。同时，金融监管应当为正当的创新付出一定的代价，不应也不能要求无风险的创新，这恰恰是监管存在的价值与意义。因此，无论是制定金融监管措施还是确定监管政策抑或风险治理，均应树立金融发展理念和价值导向，考虑互联网金融创新的激励机制，体现对金融创新的保护，同时也要防止风险的扩大，尽力降低因创新带来的损害，积极体现对于创新与发展正面影响的促进与推动以及对于风险的适度规制和防范。

二是"远近结合，边整边改"。互联网金融需要边规范边发展，而不是先规范再发展，或者先发展而不规范。规范与合法、合规是一致的。支持融资时不仅要看融资平台是否合规，还需要关注实际融资人信用状况或背后资产的真实质量。当宏观经济以及金融市场相对稳定时，对互联网金融鼓励和支持要多，一旦宏观经济出现衰退，实际融资人的还款能力必然下降，可能会产生信用风险，此时更需要加紧对互联网金融风险的控制。基于此，对互联网金融的监管需要远近结合，边整边改，宽严相济，适当有度。规范各类互联网金融业态，优化市场竞争环境，扭转互联网金融某些业态偏离正确创新方向的局面，遏制互联网金融风险案件高发频发势头，提高投资者风险防范意识，建立和完善适应互联网金融发展特点的监管长效机制，实现规范与发展并举、创新与防范风险并重，促进互联网金融健康可持续发展，切实发挥互联网金融支持中小微企业的积极作用。

三是"打击非法，保护合法"。互联网金融风险整治的基调是促进互联网金融健康可持续发展，而不是抑制和打压，应注重兼顾保护合法和打击非法。在风险整治中需要明确互联网金融业务合法与非法、合规与违规的边界，守好法律和风险底线，对合法合规行为予以有效保护与支持，对违法违规行为予以及时纠正，对严重违法的，应打击与取缔。对于因违法违规会急剧积累和放大互联网金融风险的，根据违法违规情节轻重和社会危害程度区别对待，根据风险等级和敞口，依法、有序、稳妥、化解、处置风险。同时坚持公平公正地开展风险整治，不搞例外，鼓励创新，建立创新的试验区，为创新提供必要的土壤与适合的环境。

【小结】

英国和美国在互联网金融业务模式上的差异，带来了监管模式上的区别。我国互联网金融业务模式与国外不同，其监管也应有不同于国外的特点。互联网金融不仅存在传统金融固有的风险，也存在其自身特有的风险，在坚持传统监管模式的同时，更应关注传统金融固有风险与互联网金融风险的交叉与重叠衍生出的新型风险，特别是互联网金融多节点之间的连接密度具有分散、降低金融风险和加剧金融风险积聚、扩散的双重风险，尤其是极易聚合的风险综合体。为隔离互联网金融各业态跨市场风险的传递、衰减和缓解其系统性风险的扩张，需要将规模较大、具有系统重要性特征的互联网金融业务纳入宏观审慎监管框架。[①] 互联网金融基于互联网的特点，监管一旦缺乏必要技术支撑必然无法进行有效监管，仅仅依靠传统的监管方式，必然会因监督空白或者乏力为其乱象留下空间。从国外网络金融的教训和经验来看，无论是互联网金融风险整治政策还是互联

---

① 许多奇：《互联网金融风险的社会特性与监管创新》，载《法学研究》2018 年第 5 期。

网金融风险整治模式抑或互联网金融风险整治方法，对互联网金融风险监管应以促进互联网金融的发展与创新为监管目标，切忌将互联网金融风险的整治手段作为监管的目的，更应防止互联网金融风险整治简单转化为对互联网金融的整治，特别是对互联网金融企业的制裁。

第二章
互联网金融政策与规范的
评价 （2013～2016 年）

互联网金融在我国异乎寻常的生长态势，特别是惊人的发展速度对传统金融产生了冲击，引发了如何在政策上守正互联网金融创新以及在法律上保障其规范健康发展的讨论议题。由于互联网金融能够摆脱传统金融的时空限制，特别是科技与金融的融合带来的覆盖范围、传输效率和时效性较传统金融的优势，再加上互联网"开放、平等、协作、分享"的内在精神与现代金融观念的耦合，致使互联网金融在 2013 年至 2016 年间以无法遏制的态势触及金融的各个领域，带来了各地政府促进互联网金融持续发展政策的不断出台和实施。

第一节 互联网金融政策规范的背景与现状

互联网尤其是移动互联网的快速发展，为互联网金融迅猛发展提供了技术条件。随着宽带无线接入技术和移动终端技术的升级，人们迫切希望随时随地方便快捷地获取金融信息，及时解决产业融资渠道问题，满足产业融资与不断发展的需要。我国网民数量的陡然增长、电商促销的优惠以及微商网络购物的便捷，在需求侧上促进了人们对网上支付方式的强烈依赖。互联网金融支付便捷，搜索引擎和社交网络降低了信息处理成本，资金供需双方直接交易可达到与现在资本市场直接融资和银行间接融资一样的资源配置效率，这为作为资本供给侧的第三方支付、网贷平台、众筹等为代表的互联网金融异军突起提供了创新空间，其发展速度相当惊人。由于传统金融机构对中小企业贷款的缺位、对产业扶持的缓慢，民间资本或者民众热钱的增加与流动，再加上互联网金融的惊人发展以及不可阻挡的发展态势，互联网金融迫切需要政策支持。基于此，政府及其相关部门出台了一系列有关互联网金融的政策，旨在对互联网金融发展与创新给予政策上的指引，保障互联网金融快速发展。

一、鼓励互联网金融政策的出台与评价

在一定意义上，互联网金融不仅包括传统金融的互联网化，也包括互联网企业的金融化。其业态主要包括互联网支付、网络借贷、股权众筹融资、互联网基金销售、互联网保险、互联网信托和互联网消费金融等。[①]互联网金融的产生与发展依赖现代信息技术和互联网技术的发达，其迅速成长还在于能够绕开传统监管约束进行有效套利，这一切均源于利益驱动的原动力的激励。互联网金融作为新兴的产业尽管有着自身的优势，却叠加了不亚于传统金融的合规和风险管理的地域性风险。由于互联网金融没有制度机制的政策法律保障，再加上与传统金融之间关系的紧张，亟待一系列鼓励创新、扶持和培育互联网金融稳步发展的政策来推动，鼓励互联网金融从业机构相互合作以及与传统金融之间的良性竞争，以形成良性的多层次融资市场体系。同时，也需要相应的法律法规对其试错或者创新失败予以制度上的保护。可以说，互联网金融既需要政策维护良好的市场环境，借助市场驱动不断创新，通过政策不断助力，促进其健康发展，也需要法律对其进行规范，以促进其有序发展，以免在"叫停、整改、妥协、试点、爆雷"的无序过程中畸形发展或者转化为"有害"的异物。

面对互联网金融的发展，从地方政府到中央相继出台了一系列有关互联网金融的政策和法规。如2010年10月21日，北京市人民政府颁布了《关于推进首都科技金融创新发展的意见》；2011年3月2日，上海市人民政府办公厅转发上海市金融办等四部门《关于促进本市第三方支付产业

---

① 参见2015年12月14日中国人民银行会同有关部委印发的《关于促进互联网金融健康发展的指导意见》。

发展的若干意见》等地方性政策以及规范性文件。2013 年 7 月，国务院办公厅颁布了《关于金融支持经济结构调整和转型升级的指导意见》。该意见要求"扩大消费金融公司试点城市范围""尝试由民间资本发起设立自担风险的消费金融公司"。2013 年 8 月 8 日，国务院办公厅又颁布了《国务院办公厅关于金融支持小微企业发展的实施意见》提出：进一步丰富小微企业金融服务机构种类，支持在小微企业集中的地区设立村镇银行、贷款公司等小型金融机构，推动尝试由民间资本发起设立自担风险的民营银行、金融租赁公司和消费金融公司等金融机构。面对互联网金融的飞速发展与人们对互联网金融追逐的热情，地方政府也纷纷出台了一些支持互联网金融发展的政策或者政策性文件。例如，2013 年，北京市石景山区金融服务办公室发布的《石景山区支持互联网金融产业发展办法（试行）》；2013 年 10 月 11 日，北京市海淀区人民政府发布的《关于促进互联网金融创新发展的意见》；2014 年 3 月 15 日，深圳市人民政府发布的《关于支持互联网金融创新发展的指导意见》；2014 年 8 月 4 日，上海市人民政府发布的《关于促进上海市互联网金融产业健康发展的若干意见》；2014 年 2 月，天津市人民政府发布的《天津开发区推进互联网金融产业发展行动方案》；2014 年 6 月，贵州省贵阳市政府发布的《支持贵阳市互联网金融产业发展的若干政策措施（试行）》；2015 年 1 月 22 日，浙江省人民政府发布的《浙江省促进互联网金融持续健康发展暂行办法》；2015 年 12 月 26 日，陕西省政府发布的《关于促进互联网金融产业健康发展的意见》；2016 年 1 月 20 日，江西省政府办公厅发布的《关于促进全省互联网金融业发展的若干意见》等。可以说，互联网金融发展的实践推动了互联网金融政策与法规的出台，互联网金融内在发展的需求引发了各地政府给予的政策支持与鼓励。

不可否认，我国互联网金融是在政策的引领下发展起来的，尤其是地方政策对其发展起到了重要的推动作用。就地方政策而言，上海属于较早颁布互联网金融政策的地区之一。2011 年 3 月上海市人民政府办公厅转发的上海市金融办等四部门《关于促进本市第三方支付产业发展的若干意见》，主要鼓励第三方支付企业进行资源整合，以合理引导第三方支付企业开展市场化兼并重组，促进第三方支付产业区域集聚。对于第三方支付产业给予一定的资金支持，支持以网络支付为主营业务的第三方支付企业在上海市发展。对符合条件的企业从"上海金融发展资金"中给予一定的资金扶持；鼓励各相关区（县）结合实际，安排相关资金，用于支持第三方支付产业发展；鼓励第三方支付企业拓展行业应用。鼓励传统产业、政府行政事业单位和公共服务等领域积极应用电子支付平台，拓展第三方支付的行业应用。对符合条件的第三方支付企业还将按照相关规定进行软件企业、高新技术企业、技术先进型服务企业、高新技术成果转化等资质认定，以便其享受相关优惠政策。这些政策旨在满足社会公众的支付服务需求，提高社会资金流转效率、扩大资金结算规模，提升上海人民币清算中心的地位，有利于拉动内需、刺激消费。但是，这种政策性要求并未及时落实，到了2014年才从资金、技术、企业引进、资质认定、配套设施、发展环境等方面进行大力扶持。由于国内互联网领域领军企业大多不在上海，上海在新型互联网金融领域缺少必要的平台优势和头部企业，同时从事金融大数据处理、金融云平台服务、互联网金融信息安全服务等大型专业机构相对较少。与上海相比，北京在制定互联网金融政策方面表现出较强的敏感性，2013年8月，北京市首个互联网金融产业基地落户石景山区，每年安排1亿元专项资金来扶持互联网金融产业的发展，在鼓励互联网金融发展的政策中以资金的支持作为激励机制。2013年12月13日，中关村挂牌成立了国内首个互联网金融产业园，随之海淀区也出台了相应的支持与鼓励政策。

从各地的互联网金融政策来看，地方政府在发挥各自资金鼓励优势的基础上，基本上是各自为政，其出台的政策在推动互联网金融产业发展方面的作用有限，上海有关互联网金融政策执行的缓慢则是较好的例证。地方政府制定的有关互联网金融产业政策着重于扶持、推动其行业的发展，对防范相关风险仍缺乏一些有效的、可操作的预防性规则。在积极鼓励的背景下，如果未能及时采取有效监管，不仅不能促进地方金融的发展，还会出现影响社会稳定的问题。由于互联网跨界的特性，有关互联网金融产业的政策特别需要由地方政策上升到国家战略。只有在全国层面对互联网金融政策实施顶层设计与长远规划，消除监管制度与地方政府产业政策的内卷，才有可能使互联网金融与国家经济的发展战略协调和统一起来。

从国家层面来看，自 2014 年起，"互联网金融"被写入《政府工作报告》，政府一直坚持鼓励、支持、包容的总体监管思路。2015 年《政府工作报告》两次提到"互联网金融"，并将其表述为"异军突起"，要求"促进互联网金融健康发展"。2015 年发布的《国务院关于积极推进"互联网＋"行动的指导意见》将互联网金融作为"互联网＋"的重要组成部分，升级为国家重点战略。但有些互联网金融在成长的过程中因忽略风控问题以及监管不到位，盲目追求发展速度与发展规模，在恶性竞赛中大量平台出现问题，导致行业的声誉受损，致使 2016 年《政府工作报告》提出了"规范发展互联网金融"，对于互联网金融的关注重点由原来的"促进互联网金融健康发展，完善金融监管协调机制"转变为"规范发展互联网金融"，在某种意义上意味着互联网金融行业即将步入规范发展时期。2016 年 7 月 15 日，银监会发布关于《中国银行业信息科技"十三五"发展规划监管指导意见（征求意见稿）》多次提及"构建银行业互联网金融生态"。国家着重强调规范发展互联网金融，说明认可了互联网金融对实体经济的促进作用，而相关监管政策的出台也是为了更好地推动行业的健康有序发展。①

从上述政策可以发现，中央在对互联网金融政策的扶持上体现了连续性，对其迅速发展持肯定态度。也有些政策不具有长效性，属于应急性的。2014 年 3 月 11 日，中信银行与腾讯、阿里巴巴宣布即将联合推出网上虚拟信用卡，客户通过现有的支付宝或微信账号可以实现信用卡在线"即申请、即发卡、即支付"，自动开卡并绑定快捷支付后，就可用于网上购物。而二维码（条码）支付也已渗入普通人的日常生活，不少商场和超市推出扫码支付，只要轻松"扫一扫"，就能直接通过支付账户付款。然而央行却暂停了上述两项业务。针对这一行为，人们产生了政策究竟是为了保护中国银联、商业银行的利益还是为了促进互联网金融的健康

---

① 潘晓娟：《规范互联网金融 监管政策发力须不留"空档期"——业内人士这样解释政府工作报告中的相关提法》，载《中国经济导报》2016 年 3 月 9 日。

发展的疑问。有学者认为，第三方支付机构将线下支付转到线上，绕开了
银联系统进行转接清算，也相应减少了线下支付过程中银联获取的手续费
收入，这才是央行暂停虚拟信用卡和二维码（条码）支付的主因。① 央行
出台这些应急性政策的初衷是为了防范风险、保护消费者权益。因为允许
虚拟信用卡发行，不仅可能冲击金融账户实名制，埋下洗钱、套现等风险
隐患，还会与商业银行柜台发行的实体信用卡监管标准不一致，对执行现
有监管标准的商业银行来说，可能会产生不公平的问题。这个时期，尽管
存在一些规范性政策，但仅仅属于个别事件的规范，在政策上依然保持支
持，发挥着资金支持的促进功能。

二、规范互联网金融政策与法规的出台与评价

无论是互联网金融企业的数量还是互联网金融交易的体量均有迅猛发
展，与此相应的信息安全风险与资金风险也显著提高，而互联网金融以互
联网的开放性和包容性的特征有可能将其风险不断扩展并发生叠加效应，
导致系统性地域性风险的出现甚至向全球扩散。随着有关互联网金融政策
的鼓励和促使其创新发展，互联网金融出现了一些新型业务模式，其涉及
的领域逐渐繁多，但也逐渐暴露出一些风险和问题，尤其是互联网企业之
间盲目跟风式的模仿，短期求大的同质性竞争，导致互联网金融企业鱼龙
混杂。互联网金融发展主要是以信息流为主，而我国互联网金融缺乏征信
系统，不存在信用信息共享机制，甚至不具备类似传统金融机构的风控、
合规和清收机制，致使互联网金融行业面临诸多市场风险。这些互联网金
融风险在缺乏有效监管环境下的创新极易形成风险区。针对互联网金融发
展所存在的这些问题，监管部门做了一些工作，但因其法律定位不明确，
互联网金融的发展时常游走于合法与非法之间，甚至借用网络概念"包
装"，出现涉嫌虚假宣传和非法吸收公众存款等活动，损害社会公众利益。
再加上外部环境的缺乏，有关信用体系建设和消费者保护机制的不健全，
给金融消费者的资金安全和个人信息安全带来隐患，成为行业健康发展越

---

① 田俊荣、欧阳洁：《互联网金融，监管政策莫误读》，载《人民日报》2014年3月24日。

来越明显的障碍。① 这些问题不仅引起了社会各界的广泛关注，也引起了政府的高度警惕。以第三方支付为例。随着非金融机构支付服务业务范围、规模的不断扩大和新支付工具的推广，以及市场竞争的日趋激烈，其领域一些固有的问题逐渐暴露，新的风险隐患相继出现。如客户备付金的权益保障问题、预付卡发行和受理业务中的违规问题、反洗钱义务的履行问题、支付服务相关的信息系统安全问题，以及违反市场竞争规则、无序从事支付服务问题等。② 我国支付机构的网络支付业务面临的问题和风险主要为：一是客户身份识别机制不够完善，为欺诈、套现、洗钱等风险提供了可乘之机；二是以支付账户为基础的跨市场业务快速发展，沉淀了大量客户资金，加大了资金流动性管理压力和跨市场交易风险；三是风险意识相对较弱，在客户资金安全和信息安全保障机制等方面存在欠缺；四是客户权益保护亟待加强，存在夸大宣传、虚假承诺、消费者维权难等问题。③ 这一时期出现了多起互联网金融经营者"卷款跑路"的事件。较为典型的事件是，安徽钰诚控股集团、钰诚国际控股集团有限公司于 2014 年 6 月至 2015 年 12 月间，在不具有银行业金融机构资质的前提下，通过"e租宝""芝麻金融"两家互联网金融平台发布虚假的融资租赁债权项目及个人债权项目，并将其包装成若干理财产品进行销售，以承诺还本付息为诱饵对社会公开宣传，向社会公众非法吸纳巨额资金。其中，大部分集资款被用于返还集资本息、收购线下销售公司等平台运营支出，或用于违法犯罪活动被挥霍，造成大部分集资款损失。公布数据显示，截至 2015 年 12 月 8 日，"e租宝"总成交量 745.68 亿元，总投资人数 90.95 万人，待收总额 703.97 亿元。不到半年时间成交量便增长了 9 倍以上，扩张规模相当于一家中等商业银行。法院对钰诚国际控股集团有限公司以集资诈骗罪、走私贵重金属罪判处罚金人民币 18.03 亿元；对安徽钰诚控股集团

---

① 参见 2015 年 12 月 28 日中国银监会对《网络借贷信息中介机构业务活动管理暂行办法（征求意见稿）》有关问题的解答。

② 参见 2015 年 12 月 28 日中国人民银行有关部门负责人就《非金融机构支付服务管理办法》有关问题答记者问。

③ 参见 2015 年 12 月 28 日中国人民银行有关负责人就《非银行支付机构网络支付业务管理办法》答记者问。

以集资诈骗罪判处罚金人民币 1 亿元；对丁宁以集资诈骗罪、走私贵重金属罪、非法持有枪支罪、偷越国境罪判处无期徒刑，剥夺政治权利终身，并处没收个人财产人民币 50 万元，罚金人民币 1 亿元；对丁甸以集资诈骗罪判处无期徒刑，剥夺政治权利终身，并处罚金人民币 7000 万元。同时，分别以集资诈骗罪、非法吸收公众存款罪、走私贵重金属罪、偷越国境罪，对张敏等 24 人判处有期徒刑十五年至三年不等，并处剥夺政治权利及罚金。① 又如，涉及 20 多个省份的 22 万投资者的 430 亿元资金难以讨回的昆明泛亚有色金属交易所股份有限公司的兑付危机以及号称"百亿级理财平台"的中晋系事件等。这些问题仅仅依靠资本市场的力量难以得到有效解决，需要通过法规和监管措施及时纠偏。

基于互联网金融的业态发展、风险以及技术要求等，监管部门及时出台相应的指导政策和规范性文件，以便发挥"政府调控之手"的功能。2015 年 7 月 8 日，中国人民银行、工业和信息化部、公安部、财政部、国家工商总局、国务院法制办、中国银行业监督管理委员会、中国证券监督管理委员会、中国保险监督管理委员会、国家互联网信息办公室联合印发了《关于促进互联网金融健康发展的指导意见》；2015 年 8 月 6 日，最高人民法院公布了《最高人民法院关于审理民间借贷案件适用法律若干问题的规定》；2015 年 8 月 12 日，中国人民银行发布了《非存款类放贷组织条例（征求意见稿）》；2015 年 8 月 12 日，国务院法制办发布了《融资担保公司管理条例（征求意见稿）》（2017 年 6 月 21 日国务院常务会议通过）；2015 年 12 月 28 日，中国人民银行发布了《非银行支付机构网络支付业务管理办法》；2015 年 12 月 28 日，中国银监会会同工业和信息化部、公安部、国家互联网信息办公室等部门发布了《网络借贷信息中介机构业务活动管理暂行办法（征求意见稿）》。2016 年 4 月 14 日，央行牵头联合多个部委出台了《互联网金融风险专项整治工作实施方案》。该方案的工作目标是落实"2015 指导意见"要求，规范各类互联网金融业态，优化市场竞争环境，扭转互联网金融某些业态偏离正确创新方向的局面，

---

① 安健：《e 租宝案一审在京宣判 26 人因集资诈骗等获刑》，载《人民法院报》2017 年 9 月 13 日。

遏制互联网金融风险案件高发频发势头，提高投资者风险防范意识，建立和完善适应互联网金融发展特点的监管长效机制，实现规范与发展并举、创新与防范风险并重，促进互联网金融健康可持续发展，切实发挥互联网金融支持大众创业、万众创新的积极作用。2016 年 4 月 27 日，国务院组织 14 个部委召开电视会议，要求在全国范围内启动为期一年的互联网金融领域的专项整治，并出台了一些较为严格的监管政策。政府对互联网金融的监管从偏向"自律的放任自流"逐步向"强制的监督管理"转变。我国《公司法》《证券法》等与互联网金融有关的法律修改，在一定层面上规范了互联网金融的发展。

我国互联网金融成长过程中已经暴露出种种新问题和新风险，尽管现有法律条款能够给予适当的约束，仍并不能很好地为金融消费者规避这些风险，也不能持续地促进互联网金融行业的规范化发展。况且，现有的《银行法》《保险法》《证券法》调整的对象均为传统金融业务，有些规定对互联网金融不太适合甚至有阻碍作用。如对互联网金融的电子合同有效性的确认、个人信息保护、交易者身份认证、资金监管、市场准入等尚没有明确规定。新一代信息通信技术的发展和应用带来新业态、新模式，电子商务、数据开放、信息安全、互联网金融等发展亟待更加完善的制度和法律环境。[1] 2015 年，央行等十部委联合发布的"2015 指导意见"明确了不同性质的互联网金融业态，并规范了监管职责的划分，在一定意义上意味着互联网金融的发展已经进入法治化轨道。[2] 该意见要求互联网金融监管应当遵循"鼓励创新、防范风险、趋利避害、健康发展"的总体要求，从互联网金融业健康发展全局出发，进一步推进金融改革创新和对外开放，促进互联网金融健康发展，积极鼓励互联网金融平台、产品和服务创新，鼓励从业机构相互合作，拓宽从业机构融资渠道，坚持简政放权和落实、完善财税政策，推动信用基础设施建设和配套服务体系建设。这些要求确立了互联网金融政策在监管方面的基本指向。互联网金融政策的制

---

① 陈丽平：《亟待完善互联网金融等法律》，载《法制日报》2015 年 6 月 29 日。
② 宦佳：《互联网金融基本法浮出水面 进入法制化轨道》，载《人民日报（海外版）》2015年 7 月 20 日。

定与实施，旨在为促进互联网金融的发展与创新提供政策指引，为互联网金融规范发展提供政策的协调，为互联网金融创新提供政策空间以及为保障规范、有序、健康发展提供政策支持。

一是"2015 指导意见"规定："鼓励从业机构相互合作，实现优势互补""拓宽从业机构融资渠道，改善融资环境""从金融业健康发展全局出发，进一步推进金融改革创新和对外开放，促进互联网金融健康发展"。对新兴的互联网金融来说，政策导向至关重要，它不仅具有牵一发而动全身的功能，还具有方向指引的功能。互联网金融成长与发展为大众创业、万众创新打开了融资的方便大门，这种融资方式不仅可以满足小微企业、中低收入阶层的投融资需求，引导民间金融走向规范化，也能够触发或者倒逼传统金融体制机制的改革，不断推动传统金融机构改变业务模式和服务方式，甚至还能在扩大金融业对内对外开放方面发挥功能和作用。互联网金融政策可以为互联网金融提供方向性发展目标。互联网金融政策能够支持有条件的金融机构建设创新型互联网平台开展网络银行、网络证券、网络保险、网络基金销售和网络消费金融等业务，推进互联网企业依法合规设立互联网支付机构、网络借贷平台、股权众筹融资平台、网络金融产品销售平台，从而提升互联网金融的核心竞争力。互联网金融政策法律鼓励金融创新与完善金融监管协同推进，引导、促进互联网金融这一新兴业态的发展。

二是互联网金融政策能够保障互联网金融发展。政策通过规范互联网支付、网络借贷、股权众筹融资、互联网基金销售和互联网信托、互联网消费金融业务活动，进而规范互联网金融从业机构的经营活动、维护金融市场秩序。制定法律法规规范互联网金融更好地发展，为其创新提供政策法律的保障，进而清除和改善互联网金融发展与创新的体制机制障碍与生态环境①，促进互联网金融平台、产品和服务不断创新，从而激发其在市场经济中的活力。例如，2016 年 3 月 31 日的《山东省地方金融条例》将原来省级的"一行三局"监管之外的地方金融组织纳入监管范围，旨在

---

① 参见 2016 年 7 月 15 日中国银监会发布的《中国银行业信息科技"十三五"发展规划监管指导意见（征求意见稿）》。

为地方金融服务、发展和监管提供法律保障。互联网金融政策法律虽然对互联网金融提出了一些要求与约束，但是，这种约束不是限制互联网金融发展的模式创新，也不是从数量上限制互联网金融发展规模，其根本目的是促进互联网金融在发展中得到规范以及在规范中能够持续创新。当然，互联网金融政策法律对现有金融业态产品、业务、组织和服务等会产生深刻影响，在客观上能够改变互联网金融发展不健康的路径，为互联网金融健康发展铺平道路。然而，这些政策旨在促进互联网金融健康发展，重在提供良好的发展环境与保障健康发展的创新空间，侧重保障而非管制①，即使是监管也重在规范，即使是限制与约束，也是为了更好更健康地发展，绝不是通过互联网金融政策法律法规遏制互联网金融自身的活力和创新力，而是在风险可控的框架下鼓励与激励互联网金融创新发展。专项整治互联网金融风险如何把握好政策非常重要。因为整治的目标是"规范发展"而非"遏制阻碍"，最终目的是促进互联网金融健康有序发展，促进多层次金融市场体系的形成，为加快多层次资本市场的建设发挥作用，更好地服务实体经济。

互联网金融源于实践的创新和国外金融经验的启示，自诞生后显示出一发不可收拾的趋势，并呈现出旺盛的生命力与强劲的感染力。这一"异军突起"的创新业态得到了地方政府的青睐，在国家政策法律和地方金融政策的鼓励与自身技术优势的支持下，对传统金融体制机制及其固有利益带来了极大冲击，互联网金融的蓬勃兴起也对银行业带来了诸多挑战和深远影响。② 尤其是其生长速度之惊人，发展趋势之迅猛，蔓延范围之广泛，在令人为之惊叹之余，也令传统金融行业刮目相看，促进了传统金融加速业务发展模式、运营管理模式、金融服务模式、风险管控模式的转型升级。国家有关部门和地方政府不断制定互联网金融的相关政策法律弥补原有政策法律支持上的不足，形成地方政策管理和国家法律规范的互联网金融政策法律法规的基本体系。

---

① 郭华：《互联网金融重在保障而非监管》，载《检察日报》2015 年 4 月 2 日。
② 参见 2016 年 7 月 15 日中国银监会发布的《中国银行业信息科技"十三五"发展规划监管指导意见（征求意见稿）》。

三、互联网金融政策与规范的比较与分析

我国的互联网金融政策不仅有中央层面的规定，也有地方政府部门及相关部门的政策性规定。上述规定中，有些属于地方经验总结后的规定，有些则是对国外相关规定的借鉴，其中也不乏一些为了解决目前相对棘手的问题而制定的带有应急性的政策性对策。对这些互联网金融政策的规定进行纵向分析与横向比较，可获知中央和地方在互联网金融政策上的基本立场，也可发现促进与规范互联网金融发展的一些规律性的认识，可为我国一个时期或者将来制定互联网金融政策提供经验，同时也能为互联网金融风险防范提供启示。

在中央层面，我国无论是《政府工作报告》还是其他规范性文件，对互联网金融的政策基本是激励性的规定，强调"促进互联网金融发展"，国务院文件在此方面的政策要求较为明显。例如，2014年3月5日，十二届全国人大二次会议上的《政府工作报告》指出："促进互联网金融健康发展，完善金融监管协调机制，密切监测跨境资本流动，守住不发生系统性和区域性金融风险的底线。"2015年3月5日第十二届全国人民代表大会第三次会议的《政府工作报告》提出了"制定'互联网＋'行动计划，推动移动互联网、云计算、大数据、物联网等与现代制造业结合，促进电子商务、工业互联网和互联网金融健康发展，引导互联网企业拓展国际市场"。从一定意义上讲，中央政府基于"'互联网＋'行动计划"以及对传统金融进行改革的愿望，已将鼓励互联网金融作为资本市场的主体要素放置在我国资本市场顶层设计的框架下。例如，2015年1月6日，国务院发布了《关于促进云计算创新发展培育信息产业新业态的意见》；2015年3月2日，国务院办公厅发布了《关于发展众创空间推进大众创新创业的指导意见》；2015年5月4日，国务院印发了《关于大力发展电子商务加快培育经济新动力的意见》。这些互联网金融的相关政策意见，均体现了国务院对促进互联网金融快速发展的高度重视以及借助互联网金融创新来改革传统金融的期待。同时，国务院各部委也下发了相应的规定。例如，2015年中国人民银行下发的《非银行支付机构网络支付业务

管理办法》，优化了个人支付账户分类方式，并将综合类账户、消费类账户等两类扩充为Ⅰ类、Ⅱ类、Ⅲ类三类账户。尽管这一规定使支付机构不得为金融机构和从事金融业务的其他机构开立支付账户，但是仍可基于银行账户为其提供网络支付服务，以有效支持互联网金融的创新需要。这些变化一方面体现了政策法律的制定尊重民众的意见与建议，另一方面也体现了适度监管、分类监管、鼓励创新但同时防范风险的原则，为下一步互联网金融这一新兴业态的规范发展奠定了基础。① 2014 年 11 月 19 日，国务院常务会议提出开展股权众筹融资试点，鼓励互联网金融等更好向"小微企业""三农"提供规范服务，建立资本市场小额再融资快速机制。2014 年 12 月 18 日，证券业协会颁布了《私募股权众筹融资管理办法（试行）（征求意见稿）》。该办法对股权众筹的备案登记和确认、平台准入、发行方式及范围、投资者范围等内容作出了明确要求，但对"单位或个人投资单个融资项目的最低金额不得低于 100 万元人民币""金融资产不低于 300 万元人民币或最近三年个人年均收入不低于 50 万元人民币的个人"等问题依然做了限制，被实务界认为过于苛刻，在实践中会将大众拒于众筹之外，不仅有违鼓励众筹发展的方向，也没有体现普惠金融的特征，与中央在此方面的政策要求相比在创新监管上未有明显的创新。

"2015 指导意见"尽管要求互联网金融监管应当遵循"依法监管、适度监管、分类监管、协同监管、创新监管"的原则，但监管部门在相关政策上仍显准备不够充分，与中央"促进互联网金融发展"的要求仍存在差距。从中央"促进互联网金融发展"到强调"规范发展互联网金融"的转向来看，"规范发展互联网金融"明显与互联网金融出现的问题有关。基于中央在互联网金融政策上的转向，国务院相关部门在加强监管上趋于更加严格。例如，2015 年 8 月 7 日证监会致函地方政府，要求规范通过互联网开展股权融资活动，同时部署对通过互联网开展股权融资中介活动的机构平台进行专项检查。2016 年 4 月 14 日，国务院组织召开电视会议，联合 14 个部委在全国范围内启动有关互联网金融领域的专项整治，

---

① 刘丽、张莫：《银监会网贷细则采用"负面清单" 央行网络支付新规突出"差别化监管"》，载《经济参考报》2015 年 12 月 29 日。

为期一年。央行、银监会、保监会、证监会分别发布了网络支付、网络借贷、股权众筹和互联网保险等领域的专项整治细则。在对互联网金融发展的态度上，某些领域又回到了传统金融治理的老路上。互联网金融的政策及规范性文件虽然在短期内发挥了一定的作用，但因没有触及互联网金融发展的制度性、机制性的问题，对于互联网金融创新方面的政策引导，特别是对互联网金融发展环境的培育依然不充分，其健康发展的途径未能明朗化。

对地方有关互联网金融政策进行比较与分析发现，多数政策以支持地方经济的发展为主旨，关注互联网金融企业落户本地区；在互联网金融载体上，多地政策对互联网金融载体，如对产业园、孵化园、孵化器均给予补贴。这对吸引和促进行业的健康规范发展起到了一定的激励作用。从地方发布的互联网金融的政策性文件来看，广东、重庆、安徽等地出台了针对性较强的促进互联网金融发展的政策性文件，不仅列出互联网金融负面清单，而且还严禁互联网金融自设资金池、非法集资、捆绑销售、不实宣传等行为，而浙江宁波、广东深圳等城市率先出台了有关互联网金融监管的举措。尽管地方政府就互联网金融发展的政策有些超出了其权限范围，但这些政策却传达出地方政府发展互联网金融的渴望与积极态度，特别是在"鼓励互联网金融企业加强资金管理"①或者"开展客户资金存管（监管）"②"建立健全信息披露机制和风险应急机制"③"对投资者普及互联网金融知识和开展投资风险教育"④等方面更具有意义。

---

① 参见 2013 年 12 月 25 日北京市中关村国家自主创新示范区领导小组发布的《关于支持中关村互联网金融产业发展的若干措施》。

② 参见 2014 年 8 月 7 日上海市发布的《关于促进上海市互联网金融产业健康发展的若干意见》。

③ 参见 2014 年 6 月 26 日贵阳市人民政府发布的《关于支持贵阳市互联网金融产业发展的若干政策措施（试行）》。

④ 参见 2015 年 1 月 29 日广州市人民政府办公厅发布的《关于推进互联网金融产业发展的实施意见》。

第二节 域外互联网金融法律规定的分析与启示

自 20 世纪 90 年代中期以来,随着浏览器、加密算法、安全电子交易协议(SET)和安全套接层(SSL)等技术的出现与发展,花旗、汇丰、富国等国际领先银行纷纷推出电子银行服务。2012 年以来,云计算、大数据、语义网、互联网协议版本 6(IPv6)等新技术、新理念的出现,新型终端设备、生活社交应用、线上到线下(O2O)支付模式花样百出。伴随着移动互联网的不断普及和安全认证技术发展,移动支付的线上线下应用场景逐渐增多,基于网络连接的远程支付、近场支付、手机刷卡器支付、手机扫码支付和碰一碰支付等不断出现。金融机构和互联网公司提供的第三方应用程序(App)不断融入客户的日常生活,吃穿住行、财务管理、社交购物等活动都能在移动终端上完成。① 我国互联网企业已将普通智能手机变为无现金交易、银行转账、贷款和投资平台,其应用范围日益扩大,其应用在某些方面超过美国。在我国,多数人已不使用信用卡,使用手机客户端就可以购买货币基金、餐厅付款、为出租车和外卖等各种服务付费。我国互联网金融无论是发展速度还是发展规模均居世界前列。

美国证券交易委员会(SEC)将 P2P 列入监管视野,设立了较高的市场门槛,但未制定有关 P2P 监管的专门法律,主要依靠其较完善的基础性立法对 P2P 行业进行监管,具体监管仍由联邦政府和州政府相关监管机构实行双重监管。尽管美国未制定针对 P2P 监管的专门法律,但是众多基础性立法是可以监管到 P2P 行业的。这些法律主要包括:证券监管方面主要是《1993 年证券法》《1934 年证券交易法》;消费者信贷保护法案方面主要是《真实借贷法案》《信贷机会平等法案》《公平信用报告法案》;结算环节所涉及的银行等金融机构以及收款环节所涉及的第三方债务收款机构的监管方面主要是《银行保密法》《格雷姆·里奇·比利雷金融现代化法

---

① 张影强:《借鉴国外经验促进我国互联网金融发展政策建议》,载《全球化》2015 年第 8 期。

案》《公平催收法案》；电子商务相关法律主要是《资金电子转账法案》《电子签名法案》。美国1999年的《金融服务现代化法》规范了第三方支付机构的行为。2013年9月24日，美国证监会的《创业企业融资法案》（JOBS）放开了众筹股权融资，在保护投资者利益方面做出了详细的规定，规定私人企业可在各种媒介以各种形式公开融资需求，并可以向认证过的投资人筹集资金。而英国《关于网络众筹和通过其他方式发行不易变现证券的监管规则》作为全球第一部P2P网络借贷行业法案，FCA将借贷型（P2P网贷）和股权投资型两类众筹纳入其监管范围，并要求以上两类公司必须要取得FCA授权，并采取不同的监管标准。该规定对网贷行业的最低资本、客户资金管理、投资标的的流转、信息披露、合格投资人等各方面做了细致的规定，并将消费者的保护放在最重要的位置。欧盟《电子签名共同框架指引》《电子货币指引》《电子货币机构制引》属于互联网金融监管法律。从上述国外立法的现状发现，在互联网金融问题上各国立法先行，通过规范参与者行为来维护投资者的利益，以此来促进互联网金融的有序发展。

我国互联网金融相对于发达国家不仅在互联网金融产品上存在模仿与复制问题，而且监管也处于观察与探索时期。一定程度上，我国地方政府在互联网金融问题上的尝试以及出台的有关促进发展互联网金融的政策，为推动互联网金融实现所谓的"弯道超车"提供了机遇。但是，我国互联网金融主要政策的调整，在法律层面基本上还是微不足道的。而世界各国在将互联网金融纳入现有监管体系的同时，根据形势发展与创新监管理念，针对互联网金融出现后可能造成的监管漏洞，主要是通过立法、补充细则等手段，延伸和扩充现有监管法规体系。如美国、澳大利亚、意大利通过立法赋予众筹合法地位，美国、法国制定了众筹管理的细则。英国制定了涵盖众筹、网贷等产品的一揽子监管细则，其他国家不断向英国学习，在逐渐放松管制的同时增强监管的灵活性。由于经济、社会文化及法制传统的差异，相同法系不同国家在互联网金融监管法制上形成了地区风格。互联网金融机构及其业务活动已经跨越了国界，客观上需要将各国独特的监管法规和惯例纳入一个统一的国际框架之中，需要双边协定、区域范围内监管法制一体化。这是我国互联网金融立法在强化监管与自律立法的同时需要特别关注的趋势与动向。

我们在借鉴国外互联网金融法律时，也要看到国外在此方面的问题。从美国的监管来看，美国对网贷企业实行多部门分头监管、州与联邦共同监管的管理架构。作为一种证券化的消费借贷模式，网贷P2P既是证券的发行方，又连接着借贷双方，同时也有确定借贷利率的责任，其监管的法律包括：证券监管法案、银行监管法案和消费者信贷保护法案。这些法案从各个角度对投资人和借款人提供了保护，降低了借贷双方所面临的风险，但有些风险仍未能避免，其教训是深刻的。

第三节　我国互联网金融政策与规范的评价

互联网金融的发展是以现代信息技术发达作为其生长起点的，借助于互联网技术的普及化与现代信息技术创新来触动传统的金融体制，在实现现代信息科技和金融融合的道路上推动了我国互联网金融的繁荣，并在发展过程中得到了中央与地方政府相关政策的支持与鼓励。对互联网金融行业来说，政策导向尤为重要。因为政策利好能够激发人们创新的热情与激情。我国良好的互联网产业基础、普惠式金融的巨大需求、宽松的监管制度和政策环境等，也使得互联网金融一诞生就受到了市场的热烈追捧，还在全球内赢得了领先发展的优势。互联网金融政策对互联网金融迅速发展发挥引领作用。这种政策还对司法活动产生了影响。2012年2月10日，最高人民法院印发了《关于人民法院为防范化解金融风险和推进金融改革发展提供司法保障的指导意见》要求，人民法院在审查金融创新产品合法性时，对于法律、行政法规没有规定或者规定不明确的，应当遵循商事交易的特点、理念和惯例，坚持维护社会公共利益原则，充分听取金融监管机构的意见，不宜以法律法规没有明确规定为由，简单否定金融创新成果的合法性，为金融创新活动提供必要的成长空间。

2013年4月，国务院将"互联网金融发展与监管"作为金融领域的

19 个重点研究课题之一。课题组由人民银行、银监会、证监会、保监会、工信部、公安部、国务院法制办共同组成，人民银行牵头，分别在互联网金融发展较早较快且存在相关政策的北京、上海、杭州等地开展了调研后，出台了"2015 指导意见"。"2015 指导意见"作为促进互联网金融发展的政策对互联网金融给予了正面鼓励和支持，明确了互联网金融的行业监管部门，澄清了对互联网金融认识和监管思维的模糊，对互联网金融行业规范和市场监管提出原则性、方向性的意见，要求相关管理部门、相关行业协同支持互联网金融机构，尤其是对股权众筹允许通过网络实现公开股权融资，这对完善多层次资本市场具有重要意义。

"2015 指导意见"的规范性功能是毋庸置疑的，但它不是原本意义上的法律，仅仅依靠它来促进互联网金融发展是远远不够的，还需要从金融消费者权益保护、社会信用体系构建、信息网络安全维护等方面加快相关法律的立法进程，需要逐步搭建起互联网金融发展的基础性法律体系。[①]然而因为互联网金融出现了问题，致使鼓励政策出现了变化与转向。2016年 1 月 14 日，中央提出严惩金融领域各类违法违规行为；同年 1 月 23日，中央政法机关开展互联网金融专项整治；同年 1 月 16 日，央行制定系统重点监测 P2P 举措；同年 1 月 19 日，类金融企业挂牌新三板被叫停。同年 1 月 22 日，中国农业银行（电子银行部）《关于立即停止与违规违约支付机构合作的通知》要求立即关闭全部涉 P2P 交易接口。同年 2 月初，招商银行、交通银行、北京农商行等多家银行分别宣布暂停或关闭所有 P2P 交易接口。据不完全统计，当时全国已经有 7 省市下发相关互联网金融规范发展文件或采取针对性举措，其中堪称"最严"的是北京，上海直接"叫停"互联网金融注册登记；广东、重庆、安徽等省份出台政策文件列出互联网金融负面清单；宁波、深圳等城市，也率先出台收紧互联网金融监管的举措；辽宁省公安厅则明确要专项摸查互联网金融风险。最为"温和"的是江西。2016 年 1 月 15 日，江西省人民政府办公厅发布了《关于促进全省互联网金融业发展的若干意见》，支持互联网金融企业

---

① 冯娟娟：《我国互联网金融监管问题研究》，载《时代金融》2013 年第 29 期。

办理工商登记和使用"互联网金融服务"字样，且在上海、深圳及境外证券交易所上市的江西省互联网金融企业，给予一次性补贴500万元，成功挂牌新三板的会获得每户50万元的补贴；上市的，可获500万元奖励，还细化了财税扶持政策。

在互联网金融处于低潮时期的2015年，宜信旗下网贷P2P平台宜人贷却在美国纽交所上市，并成为中国P2P在美上市第一股。2016年3月，P2P平台成交量开始回升。网贷天眼数据显示，3月P2P网贷行业成交额1266亿元，环比上升13.77%。这是继2016年1月和2月连续两个月下降之后的首轮上升。① 就我国当时的政策来说，制约互联网金融创新发展至少包含以下方面：（1）对于互联网金融的主体界定缺乏法律依据，主体权利义务依然不清晰，尽管监管主体被"2015指导意见"确定，但监管范围和方式仍不明确，实质上，监管未发挥应有的作用。（2）缺乏对互联网金融范围和业务安全标准体系的规范，道德风险极易出现在监管空白处，以至于自融严重以及"逃废债"时有发生。（3）权利救济和责任机制缺乏。现有的《民法典》《公司法》《合伙企业法》《贷款通则》《最高人民法院关于审理非法集资刑事案件具体应用法律若干问题的解释》等② 仍不能有效和充分地为互联网金融创新引发的风险提供足够的救济手段。（4）互联网金融业务竞争秩序缺乏机制性的规范。《反垄断法》《反不正当竞争法》对互联网金融行为缺乏有效的约束。互联网金融法律的滞后，监管政策不能实时跟进，难以避免互联网金融基于资本的趋利性在实践中出现跑偏的现象。虽然"2015指导意见"为互联网金融发展指明了方向，但并没有将整个行业纳入法治化轨道，使互联网金融依然处于尴尬的灰色地带，不利于监管有序进行，也不利于防范化解互联网金融风险。互联网金融作为国内金融服务改革和创新的新锐力量，能通过多元化资产配置方式，为中小企业解决"融资难、融资贵"等问题。如果能加强互联网金融风险控制能力，通过数据整合和分析能力精准整合用户需求，从

---

① 姜樊：《P2P网贷成交量上升 新增问题平台数量下降》，载《北京晨报》2016年4月5日。
② 唐清利、关长宇、何真：《互联网金融的法律生态与规范路径》，载《科技与法律》2014年第3期。

而唤醒民间"沉睡"资金，有利于推动金融供给侧改革。从资产端和理财端出发，通过盘活存量来刺激增量，可解决经济转型中金融供给侧的失衡，让资金流入实体经济。这需要让互联网金融企业从征信系统中获得支持，给其完善的征信数据，共同推动全民征信的健康发展。[①] 无论在发达国家还是发展中国家，互联网金融业态的存续空间均是对原有金融供给体系的"短板"弥补。推动互联网金融发展不在于规模、数量，而在于服务实体功能的落实，否则互联网金融就会远离普惠目标和偏离其服务实体的本质，走向歧路。

【小结】

互联网金融具有跨行业、跨市场、跨地域的特点，而且创新发展变化非常快，而当前互联网金融监测的体系不健全，各级监管部门难以全面掌握互联网金融企业的数量，难以及时做出风险预判。此外，在传统银行体系下投资者养成了刚性兑付的习惯，风险防范意识不够，容易轻信高收益的宣传，承受风险能力的脆弱性，极易引发群体性事件。可以说，蓬勃兴起与乱象丛生的互联网金融业态存在较多需要解决的问题与留下较多似是而非的疑问。互联网金融究竟是基于服务实体经济的金融创新，还是监管盲区下的资本空转或者监管套利？如何在防范金融风险的基础上激发现代信息技术带来的互联网金融新的创新动力？金融消费者又该如何看清"乱象"背后的"真相"？[②]

随着"互联网＋"战略政策的不断推进，互联网金融在政策的支持下得到了快速发展。"2015 指导意见"从互联网金融从业机构的资质、资金存管、信息披露及风险提示等角度加强监管，着力降低互联网金融的安全风险，为民众钱包加一把锁，对于打造互联网金融理财的安全环境，推动互联网金融体系建设，具有十分积极的意义。[③] 然而，金融安全问题主导

---

① 潘晓娟：《规范互联网金融 监管政策发力须不留"空档期"——业内人士这样解释政府工作报告中的相关提法》，载《中国经济导报》2016 年 3 月 9 日。

② 温源：《整治互联网金融 剑指何方?》，载《光明日报》2016 年 4 月 22 日。

③ 侯坤：《发展互联网金融 安全是关键》，载《法制日报》2015 年 7 月 20 日。

公共讨论与政治政策，在金融风险凸显的环境下取代互联网金融发展问题成为政府关心的重点。由于政府对互联网金融安全的欲求极为强烈，对暴露出来的危险非常敏感，"社会成员热切希望除去、减少这种高度、广泛的危险，热切希望在这种危险现实化之前，国家介入社会成员的生活来除去、减少这种危险"①。在此种背景下政府极易改变对原有政策的看法，互联网金融风险问题不再被视为单纯的技术或者专业问题，而成为社会问题，尤其是互联网金融风险事件频繁发生，加剧了公众的焦虑，致使为公众提供制度上的安全保障开始支配政策的走向，政府政策频繁出台政策和从严监管的做法，表明政府对现实稳定需求的积极回应。

互联网金融作为新生事物，因其风险隐患多以及法律地位不明确，其业务活动时常游离于金融监管体系之外，势必对金融体系安全、社会稳定带来一定的冲击，影响我国现有金融政策的有效性与权威性。无论是中央还是地方均存在对互联网金融发展的政策支持，通过规范互联网金融企业的经营活动来维护市场秩序，但在鼓励互联网金融创新与完善监管体制机制的同时，还需在政策的引导下借助法律的规范功能促进互联网金融业态在法治轨道上健康有序地发展，法治在此阶段不可缺席。

---

① ［日］关哲夫：《现代社会中法益论的课题》，王允译，载赵秉志主编：《刑法论丛》（第12卷），法律出版社 2008 年版，第 338 页。

第三章
互联网金融风险的典型事件及剖析

金融本质是经营风险，其活动从来不缺少风险事件，互联网金融也不例外。互联网金融风险事件的发生固然有其内在的原因，外部经济环境变化尤其是监管政策的调整也是一个影响性因素，在特定条件下会成为风险频发的"催化剂"。在政策鼓励下，互联网基金销售、网络借贷、互联网支付、互联网消费金融等细分业态如雨后春笋般涌现，不仅触发了传统金融体系结构、商业模式和产业结构的转变，也在政策刺激下不断扩张并裂变出新的形态，其爆发式的增长可能会造成投资者的盲目以及违规操作发生概率的增加，其风险也随之裂变和集聚。当没有专门的法律法规予以规范以及遇到"强监管"政策，其积聚的风险隐患会随监管升级而不断浮出水面甚至出现所谓的"崩盘"。互联网金融高效、便捷、小额、普惠的良好体验迅速积攒了大量的客户群体，与此同时，一些互联网金融的业务风险不断累积，特别是跨部门、跨行业的风险交叉传导，不断转化为具有社会影响力甚至对经济或者行业具有杀伤力的恶性风险事件。因此，对互联网金融重大风险事件进行剖析，从中可发现风险产生的原因与风险事件爆发的缘由，为控制治理风险提供思路和防范策略。

第一节　网贷的风险典型事件及评判

2007年6月，上海成立了我国第一家网络借贷平台——"拍拍贷"。其后相继出现了红岭创投、人人贷等网贷平台。早期，这些平台基本移植了国外网贷平台的模式，以信用借款为主。我国很多具有民间线下放贷经验并关注互联网发展的创业者开始开设网络 P2P 平台，但多数网贷 P2P 平台并未沿着国外的路径展开，而在我国特有金融背景下出现了偏离，平台的性质趋于复杂化。由于我国征信体系不发达，平台之间数据不能共享，特别是短投长借的错配以及投资民众追求高回报，遇到不同场景极易导致高坏账率的攀升，尤其是急功近利的跨界带来的闯入禁区和雷区，带来频发多发的风险事件。就网贷历史来看，其行业在我国历经了起步期、爆发期、调整期等阶段。①

第一阶段为 2007～2011 年。这一时期是网贷平台的起步期。我国网贷平台数量大约在 60 家左右，活跃的平台大致 20 多家，平均月成交金额为 5 亿元，有效投资人约 1 万人。这一时期的模式多参照拍拍贷的信用贷款模式，用户在平台上发布信息后，由平台审核后就给予授信额度。这些融资项目因缺乏对于资金用途、还款来源以及抵押物等方面的考察，常以高息吸引投资人，同时国内缺乏完善的网络借贷法律法规，导致平台坏账率很高，很多平台因此倒闭，其风险乱象初见端倪。

第二阶段为 2012～2015 年。这一时期是网贷平台爆发期。在这一阶段，网贷平台大量出现，并出现了高速扩张。据统计，截至 2015 年 12 月底，网贷行业运营平台达到 2595 家，网贷行业总体贷款余额达到 4394.61 亿元。2015 年新上线的平台数量大增，导致各平台之间竞争更为激烈，同时受股市大幅波动影响，众多平台面临巨大的经营压力，全年问题平台达到 896 家。一方面，各路资本纷纷涌进互联网金融圈内，上市、融资等消息频出，如宜人贷在美国纽交所宣布上市；另一方面，跑路、提现困难等问题平台数量居高不下，运营多年的平台也因各种原因倒下。网贷渐渐步入严格监管的时代。② 网贷 P2P 平台由原来的风光无限到频频爆雷，从蜂拥而入到仓皇"跑路"，从"天堂"一步步走向"地狱"。被列为 2017 年度人民法院十大刑事案件之一而轰动全国的"e 租宝"重大风

---

① 以下有关阶段的资料源于 2018 年零壹财经·零壹智库联合安见资本发布的《变革与契机：互联网金融五周年发展报告》。

② 刘双霞：《e 租宝案宣判 网贷步入严监管》，载《北京商报》2017 年 9 月 13 日。

险事件则是例证。

"e租宝"全称为"金易融（北京）网络科技有限公司"，是安徽钰诚集团全资子公司，注册资本金1亿元。平台主打A2P的模式，6款产品都是融资租赁债权转让，预期年化收益率为9.0%到14.2%不等，期限分为3个月、6个月和12个月，赎回方式分T+2和T+10两种。"钰诚系"的顶端是在境外注册的钰诚国际控股集团有限公司，旗下有北京、上海、蚌埠等八大运营中心，并下设融资项目、"e租宝"线上销售、"e租宝"线下销售等八大业务板块，其中大部分板块都围绕着"e租宝"的运行而设置。2014年6月至2015年12月，通过"e租宝""芝麻金融"两家互联网金融平台发布虚假的融资租赁债权项目及个人债权项目，包装成若干理财产品进行销售，并以承诺还本付息为诱饵对社会公开宣传。截至2015年12月8日，"e租宝"总成交量745.68亿元，总投资人数90.95万人，待收总额703.97亿元，不到半年的时间成交量增长了9倍以上。其中，大部分集资款被用于返还集资本息、收购线下销售公司等平台运营支出，或用于挥霍。

2015年12月16日，"e租宝"涉嫌犯罪，被立案侦查。2016年1月，警方公布"e租宝"非法集资500多亿元。经司法审计，二被告单位集资后可查实的集资款用途主要有：384亿余元用于返还集资本息；12.3亿余元用于向提供虚假债权项目的中间人支付好处费，20亿余元用于发放员工工资、提成，12亿余元用于支付办公场所房租、购买办公设备，4.8亿余元用于支付广告宣传费用，29.76亿余元用于与云南景成集团有限公司合作支出，23.33亿余元调往国外"投资"，31.68亿余元用于收购负债公司、不良债权等支出，12亿余元由被告人丁宁"赠予"被告人张敏、王之焕、谢洁、姚宝燕、彭力、雍磊、高俊俊等人，4.91亿余元用于购买珠宝、玉器、字画、奢侈品等财物，9.2亿余元用于购买境内外房产、飞机、车辆，2998万余元用于走私贵重金属支出。2017 年 9 月 12 日，北京市第一中级人民法院依法公开宣判：判处钰城国际罚金人民币 18.03 亿元，安徽钰诚控股集团判处罚金人民币 1 亿元；判处丁宁、丁甸无期徒刑，剥夺政治权利终身。同时，判处张敏等 24 人有期徒刑 15 年至 3 年不等刑罚。①

一审宣判后，丁宁、丁甸、张敏等 23 名被告人提出上诉。北京市高级人民法院经审理后认为，二被告单位及丁宁、丁甸、张敏等 10 人以非法占有为目的，使用诈骗方法非法集资，其行为均已构成集资诈骗罪。王之焕等 16 人违反国家金融管理法律规定，变相吸收公众存款，其行为均已构成非法吸收公众存款罪。二被告单位及丁宁、丁甸、张敏等 26 人的非法集资行为，犯罪数额特别巨大，造成全国多地集资参与人巨额财产损失，严重扰乱了国家金融管理秩序，犯罪情节、后果特别严重，应依法惩处。一审法院根据本案犯罪事实、性质、情节和对于社会的危害程度，依法所作的判决认定事实清楚、证据确实充分，定罪及适用法律正确，量刑适当，审判程序合法，遂驳回上诉，维持原判。该裁定为终审裁定。② 2019 年 7 月 2 日至 8 月 30 日，涉案省区市将对 "e 租宝" 和 "芝麻金融" 网络平台集资的全国受损集资参与人进行信息核实登记。2020 年 1 月 8 日，在 "e 租宝" 和 "芝麻金融" 网络平台参与集资且已经参加信息核实登记的受损集资参与人开始进行资金清退。

"e 租宝" 自 2014 年至 2015 年在仅仅一年半的时间集资 500 多亿元，其聚集资金风险的严重性可想而知。该案也使得风靡一时的网贷成为 "过街老鼠"。而 "上海快鹿" 以及 "昆明泛亚" 事件的出现，再次将网贷行业推上风口浪尖。

上海快鹿投资集团董事局主席施建祥为实现民营银行梦想，

① 参见北京市第一中级人民法院刑事判决书（〔2016〕京 01 刑初 140 号）。

② 熊琳：《 "e 租宝" 案二审宣判》，人民网，http://legal.people.com.cn/n1/2017/1129/c42510 - 29675088.html，2017 年 11 月 29 日。

希望能够政策松绑，投资了所谓上海放贷规模最大、人均创税最高、风险控制最强、支持民企最有力的上海长宁东虹桥小额贷款有限公司。2013年9月至2015年8月，施建祥为实施非法集资活动，组建了个人实际控制的以快鹿集团为核心并统一管理的东虹桥小贷公司、东虹桥担保公司以及金鹿系、当天系、中海投系等融资平台的快鹿系集团。

2014年3月至2016年4月，施建祥指使东虹桥小贷公司提供虚假债权材料、东虹桥担保公司匹配虚假担保函件，再由金鹿系等融资平台包装成各种理财产品，连同中海投系融资平台擅自发行的基金产品等，在未经有关部门批准的情况下，采用召开推介会、发送传单和互联网广告、随机拨打电话、举办或赞助演出等方式通过门店、互联网等途径向社会公众公开宣传和销售，从而集资共计434亿余元。上述集资所得钱款均被转入涉案人施建祥、快鹿集团实际控制的银行账户，除282亿余元被用于兑付前期投资者本息外，其余款项被用于支付各项运营费用、股权收购和影视投资等经营活动、转移至境外和购置车辆以及个人挥霍、侵吞等。

2019年1月16日，上海市第一中级人民法院依法公开宣判被告单位上海快鹿投资（集团）有限公司、上海长宁东虹桥小额贷款股份有限公司、上海东虹桥融资担保股份有限公司以及被告人黄家骝、韦炎平、周萌萌、徐琪（美国籍）等15人集资诈骗、非法吸收公众存款系列案件，对快鹿集团、东虹桥小贷公司、东虹桥担保公司分别以集资诈骗罪判处罚金人民币15亿元、2亿元、2亿元；对黄家骝、韦炎平以集资诈骗罪判处无期徒刑，并处罚金；对徐琪以集资诈骗罪、非法吸收公众存款罪两罪并罚判处有期徒刑13年，并处罚金；对周萌萌等其余12名被告人以集资诈骗罪分别判处有期徒刑15年至9年不等的刑罚，并处罚金。

一审宣判后，黄家骝等14名被告人均不服，提出上诉，上海市高级人民法院依法组成合议庭进行了审理。二审阶段，上诉人及辩护人就上诉人是否构成集资诈骗罪、犯罪金额、在案中的地位、作用、自首、立功情节以及原判量刑是否过重等问题充分发表了意见。上海高院认为，在本案以虚假债权、虚假担保为核心开展的自融自保式非法集资活动中，用于生产经营活动的款项与筹集资金规模明显不成比例，以"借新还旧"方式维持快鹿系集团运营，致使集资款不能返还，快鹿集团、东虹桥小贷公司、东虹桥担保公司均构成集资诈骗罪。黄家骝等14名上诉人共同实施本案集资诈骗活动，应当分别认定为快鹿集团、东虹桥小贷公司、东虹桥担保公司集资诈骗活动直接负责的主管人员或其他直接责任人员，构成集资诈骗罪。除周萌萌、徐琪外的其余12名上诉人在本案的集资诈骗活动中相互支持、配合，参与时间长、涉案金额特别巨大，行为积极，地位、作用突出，依法不能认定为从犯。关于各上诉人的犯罪金额，原判于法有据，应予确认。原审综合考虑上诉人的犯罪事实、性质、数额、在本案中各自的地位、作用以及具有的自首、坦白、退赃、侵吞等情节，所判处的刑罚均体现了罪责刑相适应原则，量刑并无不当，依法作出驳回上诉、维持原判的终审裁定。①

上海快鹿集团在其快速发展过程中，有些高管人员不仅存在瞒上欺下和内外勾结的行为，而且还利用权力侵吞集团资金，特别是在兑付危机发生后，依然有高管人员与他人合谋通过非法手段抽空集团原本控制的香港上市公司权益。其中，与快鹿集团有合作的东虹桥小贷公司制作了大量虚假的债券凭证。而快鹿集团下的融资平台将一些虚假债券包装成各种金融理财产品，通过高回报的利诱方式，公开销售非法基金产品。同时还在实体店销售非法基金产品，在此期间非法集资约400亿余元。之后，将资金转入空壳公司以及资金池内，仅留下98亿元用于支付投资者前期的本息。快鹿集团所涉及的集资诈骗牵连甚广，除了以投资理财的方式诱骗公众之外，还涉及套路贷等犯罪。昆明泛亚事件再次折射出风险事件的严重性。

---

① 宋宁华：《上海高院对"快鹿"系列案维持原判》，载《新民晚报》2019 年 7 月 10 日。

　　云南昆明泛亚有色金属交易所成立于 2011 年 4 月，号称全球最大的稀有金属交易所，拥有全球 95% 的铟库存。2011 年 11 月至 2015 年 8 月，被告单位昆明泛亚有色公司董事长、总经理（总裁）单九良与主管人员郭枫、王飚经商议策划，违反国家金融管理法律规定，以稀有金属买卖融资融货为名推行"委托交割受托申报""委托受托"业务。泛亚有色金属交易所打着保护国家稀有金属储备的旗号，进行商业行为。泛亚有色金属交易所通过人为操纵权力掌握稀有金属的定价权，向社会公开宣传，承诺给付固定回报，使得稀有金属的价格持续上涨，制造了稀有金属市场繁荣从而达到增值保值的虚假效果。

　　泛亚平台上的融资客户所融资金用于平台上有色金属品种如铟、铋等的购买交易。根据规则，融资客户可以用 20% 的自有资金，加上资金借出方（"日金宝"投资者）80% 的资金购买有色金属，而平台将融资客户购买的有色金属全部质押给投资者。泛亚平台上，相关稀有金属的报价比市场价格高 50% 左右。如供货商有市场价格 1000 万元的铟，通过泛亚平台，则可以卖到 1500 万元。而购买者只需自己支付 20% 的资金（300 万元）即可以完成交易，另外的 80%（1200 万元），则来自认购"日金宝"的投资人融资。同时，泛亚有色金属交易所还通过电视广告以及名人支持等方式进行大面积推广，案发前拥有注册会员 22 万人，融资超过 430 亿元，涉及全国多个省份 22 万投资者。

　　2019 年 3 月 22 日，昆明市中级人民法院对昆明"泛亚有色"案作出一审宣判，对昆明泛亚有色公司、云南天浩稀贵公司等 4 家被告单位以非法吸收公众存款罪分别判处罚金人民币 10 亿元、5 亿元、5000 万元和 500 万元；对被告人单九良以非法吸收公众存款罪、职务侵占罪数罪并罚，判处有期徒刑 18 年，并处没收个人财产人民币 5000 万元，罚金人民币 50 万元；对被告人王飚以非法吸收公众存款罪判处有期徒刑 7 年；对其他被告人依法判处相应刑罚；判决对查封、扣押、冻结的涉案财物依法处置，发还集资参与人，违法所得继续追缴，不足部分责令继续退赔。一审宣判后，被告单位云南天浩稀贵公司和被告人单九良、王飚、孙浩然、杨国红、张鹏提出上诉。云南省高级人民法院经审理认为，昆明泛亚有色公司等 4 家被告单位、单九良等 21 名被告人违反国家金融管理法律规定，变相吸收公众存款，数额巨大，均已构成非法吸收公众存款罪，应依法惩处；被告人单九良、杨国红利用职务上的便利，将本单位财物非法占为己有，数额巨大，均已构成职务侵占罪，依法应当数罪并罚。一审判决认定的事实清楚，证据确实、充分，定罪准确，审判程序合法，对昆明泛亚有色公司等 4 家被告单位、单九良等 20 名被告人量刑适当。上诉人王飚在一审期间不认罪，在二审期间提交了认罪悔罪书，表示认罪悔罪并退赔，综合考虑其在本案中的地位、作用以及认罪悔罪情况，依法对其酌情从轻处罚，改判有期徒刑 6 年6 个月。该判决为终审判决。①

云南昆明泛亚有色风险危机源于活期理财产品"日金宝"。日金宝的委托方为有色金属货物的购买方，受托方则是日金宝投资者。投资者购买日金宝理财产品，也就是为委托方垫付货款，委托方按日给投资者支付一定利息，并在约定时间购买货物偿还本金。因其突然无法提现，导致问题暴露，以至于风险事件发生，并不断衍生出更为复杂的问题。

这一时期，无论是与云南昆明的地方政府有牵连的泛亚有色交易所，还是作为明星民营企业的快鹿集团抑或名噪全国的"e租宝"，均存在通过非法集资手段扩大规模致使无法兑付的风险问题。

第三阶段为 2016～2017 年。这一时期是网贷平台风险的整治期。这一阶段的网贷 P2P 出现了"跑路"等大量风险事件。据统计，"爆雷"的P2P 公司，2014 年为 265 家、2015 年为 867 家、2016 年为 556 家、2017年为 217 家。在网贷 P2P 平台数量激增的同时，跑路、诈骗平台也频频爆出。上海"善林金融"风险事件较为典型。

---

① 《昆明"泛亚有色"案二审宣判》，新华网，http://www.xinhuanet.com/legal/2019–07/26/c_1124802438.html，2019 年 7 月 26 日。

自 2012 年 12 月起，资邦控股实控人邬再平与陶蕾等人在未经批准的情况下，在全国 10 余个省市开设"资邦财盈"线下门店及设立"唐小僧""摇旺理财"等线上平台，以允诺年化收益 5%～15% 不等的高额利息为饵，对外销售非法理财产品。2013 年 10 月起，犯罪嫌疑人周某某为解决其公司项目资金问题，注册善林（上海）金融信息服务有限公司（以下简称"善林金融"），并招募业务经理高某某等人组建公司框架，后陆续在全国 29 个省份设立 1120 家分公司及门店，通过广告宣传、电话推销、门店招揽等方式，以承诺还本和支付高额利息为饵，对外销售虚构的债权类理财产品，骗取投资人资金。2015 年 2 月起，犯罪嫌疑人周某某又先后设立"善林财富""善林宝""亿宝贷"（"幸福钱庄"）、"广群金融"四家线上投资理财平台，同样以承诺还本和支付高额利息为饵，通过上述互联网平台销售虚构的理财产品。

2018 年 6 月 17 日，上海市公安局浦东分局根据投资人受损情况和群众报案，对资邦（上海）控股有限公司涉嫌非法吸收公众存款罪立案侦查。2018 年 7 月 13 日，上海市公安局浦东分局发布警方通报称，"唐小僧"母公司资邦（上海）投资控股有限公司法人陶蕾等人因非法吸收公众存款罪，经浦东新区人民检察院批准被执行逮捕。2018 年 11 月 1 日，上海市浦东新区人民检察院发布的《犯罪嫌疑人陶蕾、王利涉嫌集资诈骗罪一案受理公告》表明，犯罪嫌疑人陶蕾、王利涉嫌集资诈骗罪一案，已由上海市公安局浦东分局侦查终结移送该院审查起诉。上海市人民检察院第一分院于 2019 年 1 月 14 日将已受理的周某某等 12 人集资诈骗案（善林金融案），王利、陶蕾非法吸收公众存款案与卢伟、官小平非法吸收公众存款案（唐小僧案）退回公安机关补充侦查。检察院审查起诉指控：2013 年 10 月，被告人周某某组建、设立被告单位善林金融，并实际控制"善林系"企业，陆续在全国 29 个省份开设千余家分支机构，并逐步设立"广群金融"

"善林宝""亿宝贷（幸福钱庄）""善林财富"等网络借贷平台。为谋取非法利益，善林金融采用虚设债权、虚构借款人信息、虚假宣传等方式，承诺4.5%～18%的年化收益，通过债权转让等名义，向62万余名投资人非法募集资金人民币736.87亿元。其中，567.59亿元用于兑付前期投资人本息。①

善林金融旗下有善林宝、善林财富、亿宝贷等数家平台，分支机构多达606家，覆盖200多个城市，投资者因不熟悉其不同平台，也难以认清它们之间的资产关系，其风险并未因"分散投资"而做到真正分散。善林金融形成的线上线下多业务形态体系和枝蔓众多的复杂链条关系，向社会不特定人群公开募集资金、债权拆分转让、设立资金池等，再次折射出利用互联网金融将投资人变成所谓"印钞机"的套路性骗局。广东东莞市互金公司团贷网的事件再次引发人们对互联网金融的反思。

2019年4月26日，广东东莞检察机关以涉嫌集资诈骗罪、非法吸收公众存款罪依法批准逮捕东莞团贷网互联网科技服务有限公司唐军、张林等4名犯罪嫌疑人，以涉嫌非法吸收公众存款罪依法批准逮捕叶衍伟等37名犯罪嫌疑人。② 2011年团贷网成立并于2012年正式上线运营。自称是一家专注于帮扶小微企业的网络借贷信息中介服务平台。其运营主体为东莞团贷网互联网科技服务有限公司，注册资本达10293.33万元，控股股东为北京派生科技有限公司。2013年11月，团贷网完成股份制改造，成为国内首家注册资本1亿元的股份制互联网金融公司。2016年3月，团贷网进行了全面改组，并成为新三板企业光影侠旗下的全资子公司。2017年3月，团贷网联手厦门银行打造的银行存管系统上线。团贷网运营了6年256天，其历史累计成交量达1307.70亿元，借贷余额超过145亿元，累计借出人数98万人。

---

① 余继超：《上海一中院："善林系"案25万余名被害人217.79亿元本金未兑付》，载《国际金融报》2019年7月13日。

② 孟亚旭：《团贷网涉案人员被批捕 唐军涉嫌集资诈骗罪、非法吸收公众存款罪》，载《北京青年报》2019年4月26日。

团贷网在早期为吸引投资人，将投资收益率提升到30%左右，最高达到40%。团贷网的收益率比同行业的平均收益率高出9%。

随着"e租宝"、昆明泛亚、上海善林金融以及团贷网等网贷平台的倒闭以及高管携款"跑路"事件的发生，网贷行业的发展面临监管收紧、投资人信心不足、收益率下滑的困境。选取了12家有判决结果的平台作为样本进行分析发现，2014年宣判的有东方创投、淘金贷和天力贷，2015年宣判的有铜都贷、德赛财富、网赢天下、中宝投资、雨滴财富和家家贷，2016年宣判的有乐网贷、优易网、徽州贷。根据研究，其中有9家平台的运营时间为3～6个月，运营时间最长的是中宝投资37个月，淘金贷的运营时间仅为1周。① 互联网金融行业在短短几年间经历了高速发展、短暂繁荣的野蛮生长，从蜂拥而入到频频"爆雷"再到仓皇"跑路"，陷入了进退维谷的困局。其原因主要有以下几点。

一是设立中间账户，搞资金池，脱离信息中介本质。有些网贷平台在刚开始开展业务时，出于节约成本或者便于操作的考虑，对于出借人和借款人之间的资金流转，不委托银行或第三方支付进行托管，直接用平台自身账户或老板个人账户作为中间账户，用于接受出借人的资金，待多个出借人的资金全部到位后再将出借资金支付到借款人的账户中。这种模式不仅使出借人与借款人之间无法形成清晰的资金交付与流向路径，而中间账户属于合规禁止的资金池。所谓的资金池，也称现金总库或现金池，其主要功能是实现资金的集中控制，使资金在账户间进行实质性转移和集中安排。这种资金池运作体现了银行理财的"滚动发行、集合运作、期限错配、分离定价"的特点。其中，与期限错配相伴而生的是分离定价，而这类业务大规模开展后，必然会导致集合运作。有些平台还采用了支付通道模式。其主要原理为平台在第三方支付公司开设虚拟账户，相当于一个大池子，借款人和出借人分别在这个大池子中有自己小的虚拟账户，出借人和借款人的资金交付都是在平台的大池子中完成的，出借人充值从银行流水上来看实际上是充值到第三方支付公司在银行开设的备付金账户中，出

---

① 邓莉苹：《10余起P2P案件已宣判 集资诈骗罪占比近半》，载《每日经济新闻》2016年7月5日。

借资金从出借人在平台的账户中划转至借款人在平台的账户中，其实根本没有发生实际的资金流转，只是第三方支付公司按照平台的指示，在出借人平台账户中减少了一定的数字，同时在借款人平台账户中增加了相应的数字而已。这种模式存在资金池的风险。在需要证明出借人交付出借资金的凭证时，有些第三方支付公司无法提供资金划转凭证，无法证明出借人与借款人之间清晰的资金支付路径，诱发了违规行为的出现。

二是期限错配形成资金沉淀，出现以短配长的风险。期限错配是指以短配长，其发行的理财产品是短期的，而入池的资金包括短期、中期和长期，期限长短不一致。通过滚动发行，池子中沉淀了大量的资金，可以投向期限较长的资产，而投资长期资产所获取的收益较高，其资金池模式是获利的来源。期限拆分是将原来的债权期限拆分成若干短期限债权对外转让。这种期限拆分使资金池内的资金流动性更强，而期限拆分必然导致期限错配。如果平台长期通过拆分期限进行运作，势必会形成一个类似于银行的大池子，利用池子中沉淀的资金使整个环节循环起来。一旦出现投资人挤兑现象，便会产生极大的流动性风险。将债权拆分期限后进行转让涉嫌归集资金搞资金池，违反了金融监管部门的监管政策，出现涉嫌非法集资的风险。

三是自融自用模式，占用或者挪用客户资金。"自融"大致有三种形式：（1）网贷平台通过虚构借款人，或伪造借款要素吸纳公众资金，将资金挪用到其他目的；（2）网贷平台对真实借款人的实际资金需求，进行贷款要素的更改后吸纳公众资金，或将"借款标"吸纳的公众资金用于多个不同借款人之间；（3）网贷平台开发类银行理财产品吸纳公众资金，形成资金池用于其他投资。自融不仅包括平台自身，还包括与平台有关联关系的借款人。多数平台有自融自用的情况，自融自用通常与发布假标相关联即平台虚构了一个借款项目，将融到的资金用于自身或自己的关联公司。自融在一定程度上等同于将资金左手倒右手。自融网贷平台一旦对项目风控把关不足，极易出现坏账；如果投资者集中申请提现，就会使得平台资金链断裂，造成兑付危机，加速了平台的瘫痪。

四是代客理财模式，违规经营。网贷代客理财必然踩到"非法集资"

的红线。在网贷 P2P 平台经营的理财业务模式下，无论网贷平台公司采取系统自动筛选还是线下审核，均会成为投资者的实际受托者和资金的使用者，一旦通过其下达指令的方式决定资金的流向，就难逃代客理财模式。代客理财是指把投资人的资金先拿过来，找到合适的借款项目之后，将这笔资金发放出去。而投资人根本不知道自己投资了什么项目，平台只要保证按照其向投资人承诺的收益，保证投资人按期收回投资款及相应收益即可。然而，代理商在拿到账号密码后，一般先做几单获得盈利，然后诱导投资者，再有部分资金亏损，让投资者追加资金，以使账户有足够多的资金进行获利，诱使投资者掉入圈套，不断追加资金，最终被骗。而代理商在其追加资金后，开始疯狂地恶意刷单，在极短的时间内就将投资者的账户余额刷到所剩无几，或者代理商失联。

第四阶段为 2018~2020 年。这一时期是网贷平台的出清期。2017 年网贷行业发展达到了巅峰，全国运营的网贷企业达到了 5000 多家，网贷余额达到了 50782 亿元。随着互联网金融风险大幅压降，网贷企业逐渐减少，2020 年 11 月完全清退并归零。网贷行业在互联网金融风险压降时期仍高潮不退，主要源于现金贷的出现。"趣店事件"再度引起监管部门的重视。2016 年 4 月，校园贷被全面禁止后，趣分期声称叫停了校园贷，改做现金贷和消费分期，并改名趣店。然而，改名的趣店并没有彻底斩断和校园贷之间的关联。其推出的 App 依然是主打商品分期的"趣店"和提供现金贷业务的"来分期"。① 在校大学生只要在平台上实名注册，通过验证后，即可获得信用额度，在趣分期自营的电商平台上分期购物或是直接取现借款。2017 年 4 月 10 日，银监会发布了《关于银行业风险防控工作的指导意见》，并要求做好"现金贷"业务活动的清理整顿工作，网络借贷信息中介机构应依法合规开展业务，确保出借人资金来源合法，禁止欺诈、虚假宣传。2018 年互联网金融风险专项整治工作领导小组办公室、P2P 网贷风险专项整治工作领导小组办公室联合发布了《关于做好网贷机构分类处置和风险防范工作的意见》，并要求 P2P 网贷机构"能退尽

---

① 胡春艳：《趣店赴美上市风波不断 现金贷监管加码即将来临》，载《中国青年报》2017 年 11 月 3 日。

退，应关尽关"。这与 2016 年的《网络借贷信息中介机构业务活动管理暂行办法》《网络借贷信息中介机构业务活动信息披露指引》《网络借贷信息中介机构备案登记管理指引》《网络借贷资金存管业务指引》的监管思路差异较大。2021 年 4 月 15 日，中国人民银行发布的《打好防范化解重大金融风险攻坚战 切实维护金融安全》指出，在营 P2P 网贷机构全部停业，互联网资产管理、股权众筹等领域整治工作基本完成，已转入常态化监管。

另外，在网贷行业兴起的过程中产生了"羊毛套利党"（以下简称"羊毛党"）。这里所谓的"羊毛党"，是指活跃在网贷平台上专门参加各类优惠活动，以此赚取小额奖励的投资者。这些"羊毛党"逐渐职业化，专门到各家平台去"薅羊毛"。为了获得更多利息，有一些"羊毛党"还通过冒用别人的信息来注册薅羊毛的账户，致使平台通过冻结客户资金进行清理。网贷平台成立早期，为了聚拢人气，通常会以高比例的奖励回报吸引投资者，但在一定程度上也刺激了投机性的投资者在奖励期专门从事拿奖活动，一旦拿到奖励，抽身就走，导致平台面临没有投资者接盘的尴尬局面。为了维持正常运营，有些平台绞尽脑汁继续推出各类让利、返现活动以吸引投资者，于是形成一种恶性循环。一旦平台实力不够，难以承受"羊毛党"的挤兑，遇到"短投长贷"，导致提现困难，就会相对集中地引发风险事件。

第二节　第三方支付风险典型事件及评判

第三方支付最早可追溯到美国的独立销售组织制度（Independent Sales Organization，ISO），是指收单机构和交易处理商委托 ISO 承担中小商户的发展、服务和管理工作的一种机制。1996 年，美国诞生了全球第一家第三方支付公司。随后逐渐涌现出一批第三方支付公司，其中，PayPal 最为典型。1999 年，我国较早出现的第三方支付公司为北京首信和上海环迅两个企业。2004 年 12 月，阿里巴巴公司的支付宝出现，其业务迅猛发展，交易规模飞速增长，第三方支付初显强劲的发展势头。

2014 年的第三方支付市场从春节微信抢红包大战到银行围剿支付宝，再到阿里巴巴和腾讯重金补贴打车，呈现出所谓的"巨头跑马圈地，新贵不断入局"的局面。无论"圈地"还是"入局"均存在不断集聚风险的问题。这些风险集中造成了预售权套现风险、预售权冲证交易、POS 机清算代理"跑路"、各种套码造假升级等事件，尤其是快钱大量套用"特殊计费优惠"的违规行为已被实践讥为"引领违规的创新者"。① 中国银联发布的《银行卡受理市场规范工作通报》显示，2014 年上半年，全国确认违规商户比 2013 年底增长了 3 倍；在 46 万违规商户中，有 77% 来自第三方支付机构，其余来自银行类机构。② 其中，非金融机构违规商户占77.03%，银行违规商户占 22.97%。从违规行为看，套码行为占比39.68%。国家金融与发展实验室支付清算研究中心发布的《中国支付清算发展报告（2019）》显示，随着监管趋严，第三方支付行业野蛮生长阶段结束，行业正合规有序发展。据初步统计，2018 年共发布十余份监管文件，开出百余份罚单，累计罚额是上一年罚额的近 7 倍。受监管收紧等因素影响，互联网理财、消费金融等行业规模明显收缩，导致互联网支付行业整体规模下滑。③ 由于第三方支付企业同质性较强，竞争相对激烈，利润率不高。其中不乏有些第三方支付平台开始转向赌博等网站获取收益，成为网络赌博中赌资流转的一个重要渠道，甚至出现了为网络黑灰产洗钱而开发的所谓"第四方支付"。美团支付举报及其争议成为较为典型的事件。

2015 年，美团开始正式进军互联网金融。美团网为商家和消费者提供团购、外卖、优惠买单等业务，通过与银行、银联、支付宝、微信等机构合作，为用户提供消费支付服务。其经营模式是：将有意购买低价打折物品的人们召集到一起组成一个团购队

---

① 张宇哲：《第三方支付收单乱象》，载《新世纪周刊》2014 年第 36 期。
② 罗琼：《支付业混战"收单市场"》，载《南方周末》2014 年 11 月 4 日。
③ 王晓：《支付机构去年被罚金额增长近 6 倍，线下移动支付成新增长点》，载《21 世纪经济报道》2019 年 6 月 3 日。

伍，当这个团购队伍的人数达到最低限度时，即可成功进行团购，享受最低价格购买商品。如果人数没有达到最低限度，此次团购失败，用户也无须承担风险。

2016年2月有律师向央行及其监管部门实名举报，认为，美团在没有第三方支付牌照的情况下，从事第三方支付结算业务，已经违反了我国《非金融机构支付服务管理办法》，甚至涉嫌构成非法经营罪。同年11月，北京某律师事务所发布微博称，美团"代收付款"业务涉嫌无证非法经营，已经向中国支付清算协会实名举报。美团支付因为缺乏支付牌照，无证经营，遭到央行约谈并叫停，下线了充值功能。央行下属中国支付清算协会将对美团采取自律措施，并责令美团进行整改。美团在支付领域中涉嫌无证经营再次引来质疑。[①] 美团被实名举报未取得第三方支付牌照违法从事相关业务，不断引发热议。

为此，美团作出声明：

（1）多年以来，美团网与银行、银联、支付宝、微信等机构合作，通过合作方支付通道，为用户提供安全便捷的消费支付服务。用户至上一向是美团网的首要宗旨，不同群体的支付习惯不同，提供多种支付通道，是我们的责任，如最近我们也上线了Apple Pay 的支付方式。

（2）作为一家O2O企业，美团网自上线以来，一直致力于为商家和消费者提供团购、外卖、优惠买单等业务，支付是完成上述O2O服务的重要环节，美团网并没有单独为美团平台以外的任何第三方提供支付结算业务。

（3）通过合作方支付通道完成电商交易的支付环节是电商平台的惯常做法，此类方式与许多电商、在线旅游和出行打车等互联网公司的做法类似，都是为了服务消费者和商家。

美团在用户协议中表示，他们接受商家委托，代替商家向用户收取团

---

① 李冰：《美团支付两次违规、高管频跳槽、上市无实质进展》，载《证券日报》2017年11月18日。

购价款。如果用户将团购价款支付给美团网，这是否意味着用户已向商家履行了支付义务呢？目前，有些电商网站存在支持消费者先充值后消费的做法，这是否也涉及第三方支付牌照问题呢？《非金融机构支付服务管理办法》第二条规定：非金融机构支付服务，是指非金融机构在收付款人之间作为中介机构提供下列部分或全部货币资金转移服务，包括网络支付、预付卡的发行与受理、银行卡收单、中国人民银行确定的其他支付服务。对于何为"资金转移服务"存在不同观点。有观点认为，关键看是否帮助交易双方转移资金，在资金转移过程中形成了资金池。但也有观点认为，按规定中"资金转移服务"字面理解只涉及资金流通，不管是否形成了资金池；即便有资金池，也要看资金的性质和用途。如果客户充值后，余额用于平台自营业务，应属于预付款，不属于资金转移服务，如果用于非自营业务则属于资金转移服务。还有观点认为，关键看提供资金转移服务是否收费，如果不收费，也不能算是经营业务。美团并不是因为支付向用户或商家收取服务费用，所以不能界定为货币资金转移服务。但对于是否不收费就不构成资金转移服务。更有观点认为，关键看平台方是否独立于交易双方在二者之间进行资金转移。如果平台与商户绑定收费，二者之间采取分成模式，则不存在货币资金转移服务的问题。[①] 判断美团是否无照经营，既需要监管部门对《非金融机构支付服务管理办法》进行权威解读，也需要分析美团与客户、商户和提供通道的金融与非金融机构等各方协议的具体内容。

随着《非金融机构支付服务管理办法》出台，有律师发现微信支付业务"没有按照网络支付和反恐方面的法规监管要求，对用户进行实名认证，根据实名认证的充分程度进行分类管理，限制不同的支付交易类型和金额等"，实名举报其涉嫌违规，并且已经向央行和中国支付清算协会提交了书面行政举报书。[②] 其违规主要涉及以下方面：

（1）未依法安排客户签订支付服务协议；（2）未依法对支

---

① 王红一：《美团涉嫌违法显露牌照问题》，载《检察日报》2016 年 3 月 16 日。
② 武红利、王婧：《律师举报微信支付"不实名"违规 央行将调查核实》，载《京华日报》2016 年 7 月 17 日。

付账户进行实名认证；（3）处理交易超出法定的支付类型和金额限制；（4）可能在不具备豁免条件下，为不同客户的银行账户与支付账户之间转账；（5）安全验证的有效要素不足，超额准许交易金额。① 有些支付模式可能涉嫌变相出租支付牌照等问题。

网络支付尤其是微信支付迅速便捷，伴随其快速发展，对其安全性的担忧日渐突出。该举报涉及支付在安全验证有效要素不足以及超过监管部门规定的金额交易等内容。

第三方支付给交易特别是电商交易带来了便捷，但风险也随之而来。近年来，为了快速拓展业务，微信把支付接口开放给了太多代理商。微信支付给一级代理商开通支付接口，二者之间的合规操作在财付通平台上完成，但该代理商所发展的二级、三级代理或商户收付资金时，会先集中到代理商自有账户，再接入微信支付账户，在代理商层面构成"二级清算"。按照《支付机构客户备付金存管办法》，商户和消费者的资金在财付通层面划转时，受到严格监管，但代理商账户并无相应监管，存在挪用商户资金的风险隐患。②

通过对案件分析可以发现，涉及第三方支付侵财类案件的争议主要是因为第三方支付在提供便民、快捷服务的同时，其法律关系和财产流转过程因新型技术手段被遮蔽，进而引发判决规制存在不少误区。在事实层面上，未能厘清第三方支付在网络支付、理财、信贷领域的交易结构、法律关系和所涉法益；在法理层面上，对利用第三方支付设备取财的盗、骗界质定位不清。③ 随着支付宝、微信等第三方支付应用的普及，涉第三方支付类侵财犯罪行为日益频发，还出现了所谓的"第四方支付"。例如，福建公安机关破获的侵犯公民个人信息的"第四方支付"平台案。

2018 年 5 月，福建顺昌县公安局民警在工作中发现，犯罪嫌疑人肖某指使他人开设网络科技公司，对外号称经营互联网接入

---

① 张莫：《律师举报微信支付涉嫌违规 移动支付安全性再引担忧》，载《经济参考报》2016 年 7 月 22 日。

② 李晖：《微信支付频触红线 续牌承压急整顿》，载《中国经营报》2016 年 7 月 17 日。

③ 黄伯青、宋文健：《涉第三方支付类侵财案件的刑事规制解析》，载《人民法院报》2019 年 2 月 14 日。

及相关服务等，实则进行非法获取公民个人信息、买卖"四件套"（银行卡、身份证、手机卡、U盾）等违法犯罪活动。经过侦查发现，2018年3月初，犯罪嫌疑人肖某便与陈某串联，由陈某在菲律宾联系赌场洗钱，提供需要洗钱的资金"入账"，再由肖某在国内利用"四件套"层层转账洗钱。2019年1月14日，顺昌警方在北京、南平等地抓获该非法"第四方支付"平台技术总监李某及技术骨干2人，捣毁北京某科技公司窝点，冻结非法"第四方支付"平台涉案资金580余万元，查扣赌博网站域名数十个，查明平台充值资金流水记录1.1亿余元、银行卡2434张，涉及福建、辽宁、河北、河南、湖北等地。同时查封赌博网站域名数十个。①

所谓"第四方支付"，又称聚合支付，主要是指不具备支付牌照，通过聚合多种第三方支付平台、合作银行及其他服务商接口等支付工具的综合支付服务。它对外提供综合支付结算业务。这种业务是当前电信网络诈骗、网络赌博等犯罪团伙套取、漂白非法资金的"通道"。网络平台所收取资金首先被打入网站预留的银行卡账户或者国内代理人的支付账户，然后"第四方支付"再以不同的资金额度分批次转移到其他多个账户，整个资金转移路径非常隐蔽。"第四方支付"提供的是支付基础之上的多种衍生服务，数亿元的资金经过分散降低了监测风险，在一定程度上成为犯罪集团躲避监管的重要手段。从表面上看，这种支付平台穿着合法的外衣，实质上是非法搭建，打着支付公司的名义，专门靠替赌博平台以及网贷平台提供收款通道来盈利，并不是真正意义上的第四方支付。为此，2019年3月27日，央行发布的《关于进一步加强支付结算管理防范电信网络新型违法犯罪有关事项通知》要求：不得直接或变相为互联网赌博、色情平台，互联网销售彩票平台，非法外汇、贵金属投资交易平台，非法证券期货类交易平台，代币发行融资及虚拟货币交易平台等非法交易提供支付结算服务。

---

① 谢梦远：《福建警方捣毁五个非法"第四方支付"平台》，载《福建法治报》2019年6月18日。

随着第三方支付的应用场景和领域不断拓宽和支付结算方式日益多样化，在电子支付流程中的资金会在其服务商处滞留，导致资金的沉淀，一旦遇到流动性问题，则会积聚资金安全和支付的风险，特别是支付方式多样化，也会导致资金转移途径多样化，给违法犯罪提供了更多行为方式选择。例如，深圳宝安的非法提供支付结算服务涉嫌非法经营罪的案件。

被告人赵某（甲）所经营的某网络科技有限公司，主营业务为第三方支付公司网络支付接口代理。被告人赵某（甲）在明知申请支付接口需要提供商户营业执照、法人身份证等五证信息和网络商城备案域名，且明知非法代理的网络支付接口可能会被用于犯罪资金走账和洗钱的情况下，仍通过事先购买的企业五证信息和假域名备案在第三方公司申请支付账号，以每个账号收取2000~3500元不等的接口费将账号卖给他人，并收取该账号入金金额3‰左右的分润。被害人赵某（乙）被人以冒充公检法人员骗取600万元。其中，被骗资金50万元经他人账户后转入在第三方某股份有限公司开户的某贸易有限公司商户账号内流转，该商户账号由赵某（甲）通过上述方式代理。被告人赵某（甲）明知他人利用信息网络实施犯罪，仍为其犯罪提供支付结算的支付账号，其行为已构成帮助信息网络犯罪活动罪。①

特别是收单机构通过套码吸引商户的做法，不仅挤压了合规运营收单机构的生存空间，扰乱了正常的市场秩序，还因实施套码涉及伪造商户信息、变造交易类型等违规行为，使得银行卡收单业务的各项风控措施形同虚设，加剧了洗钱和诈骗风险。随着跨境电商、出境游、留学等业务的快速发展，跨境支付的需求呈现井喷态势。由于国别、地域、法规等多种因素的制约，跨境支付行业在合规方面遇到了一些问题与挑战。因此，需要健全跨境资本流动"宏观审慎＋微观监管"两位一体的监管框架，客观评价和扶持金融创新，防范金融服务风险。② 第三方支付机构往往并不是

---

① 参见浙江省义乌市法院（2017）浙0782刑初1563号。
② 李治国：《专家：防范支付风险应放在跨境金融科技公司首要位置》，载《经济日报》2019年4月8日。

直接将资金打给非法平台，而是打给另一家支付公司，下家再下家，直到最后一家第三方支付，最终资金进入非法平台指定的个人或公司银行卡，完成交易资金转出，或者第三方支付机构开立支付结算账户，先代收买家的款项，然后付款给卖家，以至于突破了诸多特许经营的限制，为非法转移资金和套现提供便利，形成了潜在的金融犯罪风险。对此，尽管处罚不断，产生的震慑力却非常有限，呈现屡禁不止的状态。其背后的深层次原因是：有些互联网金融企业依靠正当的竞争手段很难经营下去，从而铤而走险，致使风险事件频发。

灰产与黑产相互依附、交织，已发展为跨平台、跨行业的集团犯罪链条，看似是灰色产业的非法买卖身份信息，背后潜在的是网络诈骗、盗窃、攻击等各类黑产问题。"黑灰产业"凝聚为产业链，并由原来的半公开化的纯攻击模式转化成为敛财工具和商业竞争的不良手段。2019 年 7 月 12 日，中国人民银行开出了第三方支付行业史上最高金额的罚单，环迅支付被罚没合计 5939 万元。

2019 年 2 月，山东东营警方破获了一起总金额近亿元的跨境电信诈骗案，在广东、云南、贵州、江西等地同时收网，一举抓获犯罪嫌疑人 12 人，串并案件近百起。初步确定，这个 100 余名成员组成的犯罪团伙长期在老挝金三角、柬埔寨等地活动。该团伙在境外搭建非法期货交易平台，并通过微信、QQ 等网络社交工具假扮"资深老师"讲课、洗脑，诱骗境内居民到其交易平台投资黄金、原油、股指期货等。同年 4 月，浙江绍兴警方在该犯罪团伙中 6 名嫌疑人飞往柬埔寨前，在深圳将他们一举抓获，当场缴获现金 85 万美元和 4 万元人民币。这些境外设立的非法交易平台可以人为操控行情，嫌疑人洗劫投资者本金之后，在香港、澳门等地洗钱，将赃款换成美元偷运出境。该犯罪团伙为了逃避监管不断变换平台名称，先后成立过"Top500""第一金融""国泰金融""友邦金融""金边公正交易所"等，他们声称受到美国全国期货协会（NFA）监管，但实际上不具备任何金融业务资质。其中的国泰金融和友邦金融均与双清科技有关联。因为投资者的资金通过双清科技在第三方支付公司环迅支付开立的支付接口进入了非法期货交易平台。于是，双清科技背后为非法期货交易活动转移资金并洗钱出境的地下黑色产业链浮现出来。而双清科技没有真实的办公地点，仅是一家空壳公司。但在2018年8月，这家公司却发生了大量的资金交易，并且资金没有进入公司账户，而是打入了环迅支付所称的"商户指定账户"。环迅支付2018年5月与双清科技签订协议，双清科技提供了法定代表人身份证、营业执照、开户许可证等材料，环迅支付审核后将其纳为签约商户，为其提供支付接口。央行上海分行经调查认为，环迅支付存在未对特约商户进行有效核实、风控措施未落实到位等问题，且未有效履行反洗钱义务。同年7月12日，人民银行认为，环迅支付因违反支付业务规定，被实施警告，没收违法所得968万元，并处罚款4971万元，合计5939万元。在第三方支付行业史上，这次处罚是人民银行开出的最高金额的罚单。①

第四方支付基于"上游资金供给——非法'第四方支付'——下游黑灰产业"形成了从App"金主"、第四方支付平台到App开发人员、App推广人员的全链条式犯罪产业链。资金是网络黑灰产业的命脉，非法支付结算又是互联网黑灰产业的重要环节，起着"动脉血管"的作用。无论是网络诈骗、网络赌博还是网络色情服务等网络违法犯罪，这些为网络黑灰产业提供资金的人员便是"金主"，而第四方支付平台则充当他们的"马前卒"与"中间商"，不仅直接实施相关违法犯罪，还将聚合支付技术用于转移、隐瞒、漂白非法所得等非法支付结算活动，从而避免"金主"与受害人接触，从每一笔资金往来中收取手续费，在资金结算环节逃避打击，以此牟取暴利。为此，央行对支付行业的监管逐步加强，并出台了"断直连"政策。2017年8月4日，中国人民银行支付结算司发布了《关于将非银行支付机构网络支付业务由直连模式迁移至网联平台处理的通知》。该通知要求：自2018年6月30日起，支付机构受理的涉及银行

---

① 崔璐：《史上最大罚单 揭开支付业"黑灰产"冰山一角》，载《第一财经日报》2019年8月8日。

账户的网络支付业务全部通过网联平台处理。网联平台类似于线下支付清算机构银联，旨在彻底解决第三方支付机构脱离监管自行清算的问题。2021 年 1 月 11 日，中国人民银行发布了《征信业务管理办法（征求意见稿）》，并于 2021 年 9 月 17 日中国人民银行 2021 年第 9 次行务会议审议通过。该文件规定，本办法所称信用信息，是指为金融经济活动提供服务，用于判断个人和企业信用状况的各类信息。包括但不限于：个人和企业的身份、地址、交通、通信、债务、财产、支付、消费、生产经营、履行法定义务等信息，以及基于前述信息对个人和企业信用状况形成的分析、评价类信息。① 该文件的个人信息"断直连"与《关于将非银行支付机构网络支付业务由直连模式迁移至网联平台处理的通知》的第三方支付"断直连"不同，前者是信息流，后者是资金流。此前，第三方支付机构与银行是直连模式，而这种模式绕开了央行的清算系统，成为诈骗、转移赃款、套现获利等犯罪行为的"温床"。所以 2017 年央行硬性要求支付机构要断开与银行直连，必须通过合法清算机构完成清算。"断直连"后，撤销第三方支付机构在商业银行的备付金账户，在第三方支付机构与商业银行之间引入网联，搭建一个共有的、受中央银行监管的转接清算平台。而个人信息"断直连"是按照个人征信业务整改工作要求，平台机构在与金融机构开展引流、助贷、联合贷等业务合作中，不得将个人主动提交的信息、平台内产生的信息或从外部获取的信息以申请信息、身份信息、基础信息、个人画像评分信息等名义直接向金融机构提供，须实现个人信息与金融机构的全面"断直连"，否则难以达到治理的目标。

---

① 2021 年 9 月 17 日，中国人民银行 2021 年第 9 次行务会议审议通过的《征信业务管理办法》将征求意见稿的内容改为，"本办法所称信用信息，是指依法采集，为金融等活动提供服务，用于识别判断企业和个人信用状况的基本信息、借贷信息、其他相关信息，以及基于前述信息形成的分析评价信息"。

第三节 众筹的风险典型事件及评判

众筹融资作为互联网金融的一种模式，与我国的相关法律存在一定的紧张关系，不仅有在夹缝中寻求发展的问题，也有不断发生违法违规风险事件的现象。例如，2012年淘宝出现一家名为"美微会员卡在线直营店"的店铺。[①] 该店店主是美微传媒创始人朱某。该店铺主要销售会员卡，但这不是普通的会员卡，购卡者不仅可以享有"订阅电子杂志"的权益，还可以拥有美微传媒原始股份100股。购卡者手中持有的会员卡即原始的股票。美微传媒旨在通过这样的方式募集闲散资金。证监会约谈了朱某，最后宣布该融资行为不合规，美微传媒向所有购买凭证的投资者全额退款。又如，数千网友参加了淘宝众筹的"129元众筹一棵樱桃树，十年内每年4斤樱桃包邮到家"众筹活动事件。

2016年2月初，淘宝推出了名为"众筹一片樱园"的众筹项目。该项目介绍称，如果支持金额为49元，将获得49元代金券，在樱桃刚刚上市时就能尝到美味；支持金额为129元，可以成为一棵樱桃树的主人，每年在家坐等樱桃园收成，同时园主一年后可转让自己的樱桃树，当时一棵樱桃树的参考价为380元左右；如果支持金额为198元，除了享受以上福利外，还可每年返还2千克樱桃，按照樱桃价格每斤38元计算，10年将返还价值约1520元的樱桃。如果支持金额为569元，15年将返还价值约2280元的樱桃。原本的众筹金额为5万元，但最终累计资金达到119.2万元，支持人数高达8902人。[②]

网络众筹作为新生事物在发展中暴露出种种问题，曾经乱象丛生。例如，2013年3月，一植物护肤品品牌"花草事"高调在淘宝网销售自己

---

① 广德县金融办、处非办、公安局经侦大队：《美微传媒利用凭证式众筹进行非法集资》，载《今日广德》2016年11月29日。

② 苑广阔：《"樱桃树事件"折射网络众筹风险》，载《陕西日报》2017年7月10日。

公司的原始股。花草事品牌对公司未来 1 年的销售收入和品牌知名度进行估值并拆分为 2000 万股，每股作价 1.8 元，100 股起开始认购，计划通过网络私募 200 万股。股份以会员卡形式出售，每张会员卡面值 180 元，每购买 1 张会员卡赠送股份 100 股，自然人每人最多认购 100 张。这一事件引发了这是新型募资方式还是非法集资的疑问。① 由于信息不对称、募集款的管理和后续走向不透明等原因，众筹极易变成一场骗局，引发人们对众筹的信任危机。"国宏众筹"特大传销案再次暴露出众筹的风险。

2013 年 12 月 24 日，马少华以投资中科泰能镍碳电池项目为名，在北京注册成立了北京国宏金桥财星创业投资中心，发行所谓的"国宏金桥基金"。参与者花 3 万元购买一手（100 份）该基金，即可成为信息专员，9 万元可成为信息主管，18 万元可成为信息经理，90 万元可成为市级代理，180 万元可成为省级代理。2015 年 5 月 1 日，马少华启动第二个项目"国宏众筹"基金，为"国宏新能源汽车"项目"融资"。国宏众筹"因为所以"的入会协议有甲乙丙三方，合同显示乙方为国宏金桥因为所以餐饮管理有限公司，丙方为众筹召集人，协议中的条款显示一次性购买 4.5 万元整数倍消费卡，即可成为"因为所以"众筹项目的集团会员。同时，在收益方面，协议显示甲方按申报金额占全国所有会员购卡金额的比例，与全国会员共同获赠因为所以餐饮每年 55% 的纯利；同时还可以享有注册积分和拓腾基金投资的中科泰能未来权益；"因为所以"餐饮的企业投资资金的注册积分、增长积分与国宏金桥基金的分红积分享有同等的分红比例，甚至还可以享受因为所以餐饮的上市收益分配。

2017 年 6 月，贵州凯里警方披露：马少华等 35 人，通过国宏金桥基金和国宏众筹，在两年多的时间里共发展出 6 级 41 层会员，总人数超过 3.1 万人，共收取会员资金 17 亿余元。因涉嫌组织领导传销活动罪，马少华等人被逮捕。检方起诉指控"国

---

① 王方：《在微博销售股份：筹资还是炒作？》，载《北京晨报》2013 年 7 月 12 日。

宏系"吸金逾23亿元。约有8553万元用作马少华等7名高管及各层级会员的奖金分红,约有8827万元用作旗下中科泰能及国宏汽车等公司经营活动,约有7592万元通过马少华本人、亲属关系人及马少华所控制公司账户使用。针对被指控的罪名,马少华自辩,其经营行为系合法众筹,且均用于生产经营。①

"国宏系"的这种机制是众筹创新还是涉嫌传销?引起了社会及法律界的高度关注。从其协议本身来看,这份协议存在一些不清晰的问题,如企业积分、拓腾基金投资收益的概念不清晰,收益权的计算方式、企业倒闭后的债券转换条款不明等,还包括后续的消费能否得到保障,收益权能否实现等问题。国宏众筹的网站显示,其全名为北京国宏金桥财星创业投资中心,是一家有限合伙企业,在为其法人股东控股的"因为所以"餐饮募集资金。因存在关联关系的公司筹集资金,难免陷入自融嫌疑。② 众筹的风险除了虚假项目风险、信息披露不实风险、做假账风险、领头人欺诈风险、法律风险、非法集资风险、资金池风险、投资者信息得不到有效保护的风险外,还存在着"伪众筹"风险。如借用"股权众筹""债权众筹"的名义,实施拉人头、建层级并将入门费逐级返利,以发展股东为名,参与人在缴纳传销金后,被冠以股东或业务员的身份,并获得继续推荐股东的资格或进行理财投资,以实施传销等非法集资活动。2019年11月11日,贵州凯里市人民法院依法对被告人马少华等17人犯组织、领导传销活动案宣判。法院认为,该组织从2014年以来,以投资中科泰能镍碳电池、国宏汽车等项目能获得高额回报为名,采用"双区发展、多层次奖金分配"的运作模式募集资金,利用在互联网上设立的会员管理系统对会员进行管理,并对会员发展下线后获得的奖金进行结算,加入人员按先后顺序和金额大小形成层级关系,涉及资金巨大。对马少华判处有期徒刑10年,对林黛霞等15名被告人分别判处9年以下不等有期徒刑、并处罚金。下面案例可进一步说明这一问题。

---

① 佟晓宇:《"国宏系"23亿投资迷局:众筹,传销,还是非法集资?》,载《北京青年报》2017年12月3日。

② 北京商报金融调查小组:《违法众筹禁而不止》,载《北京商报》2016年5月15日。

2015 年 3 月至 5 月，被告人张某普伙同张某洋、赵某等人，利用媒体、传单、推介会等形式，宣传"华强币"项目，并实施了以下行为：（1）以"股权众筹"为名，与参加者签订协议，要求参加者缴纳 1 万元以获取股东资格，并要求参加者继续发展下线，以发展下线的人员数量及层级作为返利依据；截至案发，参加"股权众筹"的人员数量达 400 余人，且已形成 3 个以上层级，缴纳传销资金累计达 400 余万元。（2）以"债权众筹"为名，向社会公开宣传，承诺在一定期限内还本付息，并与客户签订协议，吸收公众资金共计 300 余万元。

北京市东城区人民法院经审理认为，被告人张某普实际控制的公司并无吸收公众存款的资质，其在中国网等媒体以及在公共场所分发宣传材料，在公司进行推介会演说等宣传，不仅包含企业形象宣传，亦包括了对其借"股权众筹""债权众筹"名义所实施的拉人头、建层级并将入门费逐级返利的传销活动以及以高息为诱饵承诺到期返本付息的非法吸收公众存款行为的推广；其在犯罪活动中为规避法律，以发展股东为名，参与人在缴纳传销金后，旋即被冠以股东或业务员的身份，并获得继续推荐股东的资格或进行理财投资，以实施传销及非法吸收公众存款的犯罪活动。被告人张某普、张某洋、赵某，组织、领导传销活动，且非法吸收公众存款，均已达到情节严重或者数额巨大的标准，应当以组织、领导传销活动罪，非法吸收公众存款罪，依法数罪并罚。一审宣判后，三被告人不服，向北京市第二中级人民法院提出上诉。北京二中院审理后，裁定驳回上诉，维持原判。①

在该案中，张某普辩称其没有推销商品或提供服务，缴款后均成为公司真实的股东，其"股权众筹"模式不构成组织、领导传销活动罪。然而其要求参与者缴纳 1 万元的入门费，获取能够推荐股东的资格，以此继续发展下线，组成层级，并直接以发展人员的数量和层级作为返利的依

---

① 北京市东城区人民法院刑事判决书（2016）京 0101 刑初 144 号；北京市第二中级人民法院刑事判决书（2017）京 02 刑终 349 号。

据，诱使参与人缴纳 1 万元入门费后，成为名义上的公司股东或业务员，而所谓的股东并不在法律意义上持有公司股份，没有对应的权利义务，也不实际参与经营管理；其业务员除发展新人参与外，并没有正常业务。实质上，该案只是假借众筹概念，打着发展股东的旗号规避法律，将"股权众筹"收取的资金直接用来抽头提成。①

股权众筹本身是为了吸收社会闲散资金，降低融资成本，需要降低投资门槛，并允许普通老百姓参与。我国股权众筹采用"领投 + 跟投"模式，由有经验有实力的投资人作为领投人，普通投资者进行跟投。由于领投人和跟投人、跟投人和融资者的信息不对称，存在没有对专业领投人身份的长效监管机制等问题，领投人极易与融资人串通一气、恶意推荐，使众多跟风的投资者惨遭欺诈，引发风险事件。由于我国法律法规对股东人数有限制性规定，有限合伙公司股东人数不可超过 50 人，非上市的有限责任公司和股份有限公司股东人数不得超过 200 人。如何在不触犯法律法规的前提下使众多投资者能够实现"一手出钱一手拿股权"，一直是困扰众筹的问题。有的平台选择委托持股，众筹股东并不亲自持有股份，由某一个实名股东持有，并且在工商登记中体现出该实名股东的身份。在这种情况下，众多股东很可能互不相识，仍委托他人持股，项目公司及实名公司极有可能不认可众筹股东的身份。采用此种方式操作的众筹股东，只能期望代持人不会将股份私下转让。这就要求股权架构不仅要保证投资人的投资行为合法化，还要保证未来企业上市时股东数量适当。

股权众筹平台在摸索中成长，对于资金的监管问题，每个平台均有不同的措施。有线上提交众筹意向线下转账的，有线上直接打款投资的，还有借助第三方银行托管和监管的。线下转账可以留给投资者一定的思考时间，能规避投资的不理性行为，但投资者对资金的去向不明晰，不知投资资金是真的投资到项目中，还是被挪作他用。线上直接打款的，投资欠缺理性，增加了项目方虚拟投资项目、携款潜逃的风险。而第三方银行托管和监管对众筹平台使用投资资金具有较大的约束力，能够对账户的现金流

---

① 马晓宇、张若枫：《以众筹方式实施的犯罪行为认定》，载《人民司法》2018 年第 26 期。

向具有较好的监控作用，投资者也容易追回投资失败的款项。股权众筹融资主要是通过互联网形式进行公开小额股权融资，具有"小额、大众"的本质特征，属于新兴互联网金融业态，是传统股权融资方式的重要补充，现行法律法规尚未对股权众筹做出规范，以至于众筹模式尚处于灰色地带，有一定的法律风险。如果操作不当或者操作失败，或者对已筹资金使用不当，或者没有有效的约束机制，均会给投资者带来极大的资金损失隐患，也可能会构成非法吸收公众存款罪和集资诈骗罪，股权回报类众筹除涉嫌非法吸收公众存款罪和集资诈骗罪之外，还有可能构成擅自发行债券罪等，其风险尤其明显。

【小结】

互联网金融在产品上存在多层嵌套，每层嵌套时都有可能加杠杆，以至于整个链条叠加后杠杆水平极高，造成资产规模虚增，资金体内不断循环或者空转。上述典型案件不仅揭示了互联网金融不同模式存在的问题，透过案例还能发现一些令人思考的问题。互联网金融遇到大数据、人工智能的技术黑箱夹击时，极易出现监管失控。因为这些金融科技公司一般实行混业经营，个别公司已经具备控股集团特征，增加了跨区域、跨市场、跨领域传播的可能性。实践中，一些互联网金融在这些风险事件中慢慢从价值创造走向资源占有，甚至走向监管寻租的道路。在强监管态势下，存在不少超利贷业务的平台换个"马甲"再重操旧业的情况。原来无法转型的网贷平台转为金融科技公司或者助贷机构，通过设立关联公司放贷，以达到获取不法利益的目的；有些在央行"断直连"限制后转化为第四方支付，为非法线上支付提供服务；有些聚合支付公司获得扫码枪等设备后，直接用扫码枪提取消费者账户里的余额。线上是互联网金融公司，而线下有可能是一些民间配资公司，其中不乏为满足不正当或者不理性需求而收割财富的行为。加强对金融科技及其活动的监管，强化风险监测，强化监管的国际合作和协调，减少监管套利，应当重点关注金融科技公司，防止互联网金融问题在金融科技或者数字金融问题上重演。除了开展网络借贷、互联网资产管理、虚拟货币交易等互联网金融风险专项整治工作外，互联网金融领域的反垄断呼声也越来越高。按照中央经济工作会议"强化反垄断和防止资本无序扩张"的部署，应当加强互联网金融领域的反垄断监管力度，从金融业健康发展的全局出发，维护公平竞争的市场秩序，切实保障消费者合法权益，促进互联网金融健康发展。①

---

① 乔博娟：《加强互联网金融领域反垄断监管》，载《学习时报》2021 年 2 月 3 日。

第四章

互联网金融风险治理规范
及评价（2016～2020年）

　　随着网贷平台不断异化特别是"e租宝"风险事件给整个互联网金融行业带来了不良影响，再加上上海快鹿以及中晋系等"跑路"事件，尤其是校园贷以及"现金贷""套路贷"等恶性事件，致使国家对网贷的政策不断调整。2016年的《政府工作报告》提出"规范发展互联网金融"；同年4月14日，国务院组织召开电视电话会议，联合14个部委在全国范围内启动了有关互联网金融领域的专项整治。2016年10月13日，国务院办公厅印发了《互联网金融风险专项整治工作实施方案》，明确规范发展互联网金融是国家加快实施创新驱动发展战略、促进经济结构转型升级的重要举措，并对第三方支付、P2P网络借贷、股权众筹等分类进行专项整治。由于一些违法机构兼营网贷、众筹、小贷、私募基金等多种业务，层层包装设计所谓的项目和产品，突破了地域界限、跨界经营、模式嵌套、业务相互交织渗透，借助互联网渠道宣传推广，行为模式复杂隐蔽，加快了风险蔓延的速度，以至于有关互联网金融风险整治的政策频出，各地风险治理方式多样，风险治理原定的期限一再延长，整个行业进入了一个漫长的治理时期。

第一节　互联网金融风险整治背景及政策

　　互联网金融风险专项整治前，各地紧锣密鼓地梳理整顿辖区内的互联网金融业务。如广东、重庆、江苏等相继出台了较严厉的政策性文件，并列出互联网金融负面清单，严禁互联网金融自设资金池、非法集资、捆绑销售、不实宣传等行为；北京、上海、深圳、宁波等城市暂停互联网金融相关企业的注册；深圳市要求全市各互联网金融企业全面停止开展房地产众筹业务，并进行自查自纠和业务清理。网贷行业的发展面临着监管收紧、投资人信心不足、收益率下滑以及备案拖延等新的挑战。民间投资脱离实体经济问题相当突出，当炒股票、炒房子、炒期货等可以有成倍收益，而理财利息仅为 4% ~5% 时，其投资收益差别导致民间投资"脱实入虚"。这种"脱实入虚"营造的泡沫现象对我国经济发展极为不利①，不仅加剧了泡沫、扩大了杠杆，也助长了"一夜暴富"的浮躁社会心理。"民企大量选择购买资产方式出海，新办实业反而成为次要方式，购买的资产类型五花八门，有些是总价甚高的房地产项目，并购中不乏高价竞购、回报低或回报不确定等情况。""民企 ODI 金融属性太强，其实很大程度上是把'脱实向虚'由国内延伸到国外，这才是令人忧虑之处。"②2016 年 7 月 4 日，国务院办公厅发布的《关于进一步做好民间投资有关工作的通知》要求：进一步做好民间投资有关工作，着力缓解融资难融资贵问题。需要对互联网金融进行整顿。

然而，在各地互联网金融风险专项整治过程中，有些平台主动停业、清盘，离开行业，也有些平台转向消费金融领域，致使资产端领域的竞争更加激烈，以至于出现了一些转型性或者遮蔽型的新风险事件，校园贷等的出现就是例证。例如，2016 年 3 月 15 日，河南郑州市一在校大学生因无力偿还借贷平台的近百万元借款而跳楼自杀。③ 湖北一名大学生 2016 年10 月贷款 3 万元，利滚利越滚越高，到当年 12 月债务滚到了 70 多万元。这些高息贷款、"裸条放款"校园借贷市场的陷阱，特别是媒体曝光有高利贷从业人员通过网络借贷平台向大学生提供"裸条"借贷的现象引发

① 周天勇、刘荒：《民间投资"冷"与"热"》，载《新华每日电讯》2016 年 7 月 19 日。
② 黄小鹏：《民间投资外热内冷令人忧虑》，载《证券时报》2016 年 7 月 21 日。
③ 曹晓波、孙良滋：《河南大学生因赌球陷入校园贷 欠巨债无力偿还跳楼》，载《新京报》2016 年 3 月 19 日。

了社会的极大关注。大学生因无法偿还高额贷款及利息而被逼走上绝路，甚至精神失常、跳楼自杀等悲剧时有发生。[①] 这种超前消费致使梦想作为消费品的主人反倒成了消费品的奴仆，以至于校园分期平台趣分期因高额罚息被推到风口浪尖。

随着互联网金融在大学校园中的兴起，分期购物和贷款在大学生中逐渐流行起来。金豆分期、分期乐、趣分期等大学生分期贷款平台层出不穷。校园分期平台的大量出现，主要因电商平台面对的借贷人群比较成熟，风险相对较低，而学生的还款能力不及社会人士，所以分期费率更高。校园平台在获客渠道上比较占优，它们可以通过进校园进行宣传推广，因此有制定价格的优势。趣分期逾期违约金每天按照所有未还款金额的1%收取，而业内不少平台则是按照当期还款金额的1%征收违约金，如果不考虑其他因素，客户借款5000元，分10期10个月偿还，即每期偿还500元。如果该客户第一期就违约，那么逾期第一天，需要缴纳的趣分期违约金为$5000 \times 1\% = 50$元；以当期还款金额的1%计算的话，违约金为$500 \times 1\% = 5$元。更为严重的是，校园借贷乱象令人瞠目结舌，甚至以拍裸照作为抵押。如有的女大学生因创业，通过一家网络借贷平台第一次借了500元，周利息30%。由于没有及时还上，不得不借新债还旧债。在欠款金额过万元时，对方要求她手持身份证拍裸照作为抵押。事实上，校园分期平台存在诸多争议，主要是因其向没有偿还能力的学生放贷。校园借贷的本质是某些第三方借贷平台，以高息的方式，通过向学生发放贷款来获利。这些平台贷款门槛低、对借款人资质审核不严或者根本不进行审核，也不去考虑学生的还款能力，一味放款，坐等家长兜底，诱导和纵容学生过度借款、过度消费，其形式是给学生放高利贷，实质是让学生逼迫着家长给生活费去还款而获得高利。校园借贷平台乱象频频发生，唯利是图是原因之一。基于此，国家出台了互联网金融风险整治的相关政策法规。

2016年4月13日，教育部办公厅和中国银监会办公厅发布了《关于

---

① 胡金华、葛爱峰：《失控的校园网贷 河南高校生负债近百万自杀》，载《华夏时报》2016年3月19日。

加强校园不良网络借贷风险防范和教育引导工作的通知》。该通知指出：随着网络借贷的快速发展，一些 P2P 网络借贷平台不断向高校拓展业务，部分不良网络借贷平台采取虚假宣传的方式和降低贷款门槛、隐瞒实际资费标准等手段，诱导学生过度消费，甚至陷入"高利贷"陷阱，侵犯学生合法权益，造成不良影响。地方金融办（局）要对网络借贷信息中介机构开展虚假片面宣传或促销活动、误导出借人或借款人的行为进行密切跟踪，针对网络借贷信息中介机构向不具备还款能力的大学生群体开展营销宣传活动、对借款人资格审查失职失当等行为加强监管和风险提示。建立校园不良网络借贷实时预警机制。及时发现校园不良网络借贷的苗头性、倾向性、普遍性问题，及时分析评估校园不良网络借贷潜在的风险，及时以电话、短信、网络、橱窗、校园广播等多种形式向学生发布预警提示信息。建立校园不良网络借贷应对处置机制。制定完善各项应对处置预案，对侵犯学生合法权益、存在安全风险隐患、未经学校批准在校园内宣传推广信贷业务的不良网络借贷平台和个人，第一时间报请地方人民政府金融监管部门、各银监局、公安、网信、工信等部门依法处置。

2016 年 7 月 4 日，国家工商总局发布了《互联网广告管理暂行办法》。该办法要求互联网广告应当具有可识别性，显著标明"广告"，使消费者能够辨明。付费搜索广告应当与自然搜索结果明显区分。互联网广告主对广告内容的真实性负责，广告发布者、广告经营者按照《广告法》的规定履行查验证明文件、核对广告内容的义务。

2016 年 8 月 25 日，中国银监会、工业和信息化部、公安部、国家互联网信息办公室制定了《网络借贷信息中介机构业务活动暂行办法》。其主要内容为：（1）借款金额上限：提出借贷金额小额分散为基本原则，并将借贷金额限定在 20 万元（个人）或 100 万元（法人或其他机构）；（2）网贷平台自动投标：该办法规定"未经投资者授权，网贷机构不得代投资者作投资决策"，这意味着经投资者授权的自动投标事实上是允许的；（3）债权转让：对特定债权转让做了禁止性规定，被禁止的债权转让主要是类 ABS 或转让债权包的行为；（4）禁止线下融资、推介宣传等：依据穿透式监管方针，网贷机构不可能换个名称、形式，就可以逃避监管；（5）担保或类担保问题：禁止平台自身担保，平台引入第三方担保、保险公司，在许可之列。

2016年10月13日，国务院办公厅印发了《互联网金融风险专项整治工作实施方案》，要求对网贷、股权众筹、互联网保险、第三方支付、互联网资产管理及跨界从事金融业务等企业进行大范围排查，旨在促使互联网金融行业快速出清，淘汰不规范的平台，保障互联网金融行业长期稳定、健康和可持续发展。该方案的重点整治问题和工作要求如下。

一是网贷P2P和股权众筹业务。网贷P2P平台应守住法律底线和政策红线，落实信息中介性质，不得设立资金池，不得发放贷款，不得非法集资，不得自融自保、代替客户承诺保本保息、期限错配、期限拆分、虚假宣传、虚构标的，不得通过虚构、夸大融资项目收益前景等方法误导出借人，除信用信息采集及核实、贷后跟踪、抵质押管理等业务外，不得从事线下营销。股权众筹平台不得发布虚假标的，不得自筹，不得"明股实债"或变相乱集资，应强化对融资者、股权众筹平台的信息披露义务和股东权益保护要求，不得进行虚假陈述和误导性宣传。P2P网络借贷平台和股权众筹平台未经批准不得从事资产管理、债权或股权转让、高风险证券市场配资等金融业务。P2P网络借贷平台和股权众筹平台客户资金与自有资金应分账管理，遵循专业化运营原则，严格落实客户资金第三方存管要求，选择符合条件的银行业金融机构作为资金存管机构，保护客户资金安全，不得挪用或占用客户资金。房地产开发企业、房地产中介机构和互联网金融从业机构等未取得相关金融资质的，不得利用网贷P2P平台和股权众筹平台从事房地产金融业务；取得相关金融资质的，不得违规开展房地产金融相关业务。从事房地产金融业务的企业应遵守宏观调控政策和房地产金融管理相关规定。规范互联网"众筹买房"等行为，严禁各类机构开展"首付贷"性质的业务。

二是通过互联网开展资产管理及跨界从事金融业务。互联网企业未取得相关金融业务资质不得依托互联网开展相应业务，开展业务的实质应符合取得的业务资质。互联网企业和传统金融企业平等竞争，行为规则和监管要求保持一致。采取"穿透式"监管方法，根据业务实质认定业务属性。未经相关部门批准，不得将私募发行的多类金融产品通过打包、拆分等形式向公众销售。销售金融产品应严格执行投资者适当性制度标准，披露信息和提示风险，不得将产品销售给与风险承受能力不相匹配的客户。金融机构不得依托互联网通过各类资产管理产品嵌套开展资产管理业务、规避监管要求。应综合资金来源、中间环节与最终投向等全流程信息，采取"穿透式"监管方法，透过表面判定业务本质属性、监管职责和应遵循的行为规则与监管要求。同一集团内取得多项金融业务资质的，不得违反关联交易等相关业务规范。按照与传统金融企业一致的监管规则，要求集团建立"防火墙"制度，遵循关联交易等方面的监管规定，切实防范风险交叉传染。

三是第三方支付业务。非银行支付机构不得挪用、占用客户备付金，客户备付金账户应开立在人民银行或符合要求的商业银行。人民银行或商业银行不向非银行支付机构备付金账户计付利息，防止支付机构以"吃利差"为主要盈利模式，理顺支付机构业务发展激励机制，引导非银行支付机构回归提供小额、快捷、便民小微支付服务的宗旨。非银行支付机构不得连接多家银行系统，变相开展跨行清算业务。非银行支付机构开展跨行支付业务应通过人民银行跨行清算系统或者具有合法资质的清算机构进行。开展支付业务的机构应依法取得相应业务资质，不得无证经营支付业务、开展商户资金结算、个人 POS 机收付款、发行多用途预付卡、网络支付等业务。

四是互联网金融领域广告等行为。互联网金融领域广告等宣传行为应依法合规、真实准确，不得对金融产品和业务进行不当宣传。未取得相关金融业务资质的从业机构，不得对金融业务或公司形象进行宣传。取得相关业务资质的，宣传内容应符合相关法律法规规定，需经有权部门许可的，应当与许可的内容相符合，不得进行误导性、虚假违法宣传。

2016 年 10 月 13 日，中国银监会会同工业和信息化部、公安部、工商总局、国家互联网信息办公室等部委联合印发了《P2P 网络借贷风险专项整治工作实施方案》。该方案要求：对机构的基本情况、各类产品和业务的运营情况、机构存在的主要问题进行全面排查，并对近年业务扩张过快、在媒体过度宣传、承诺高额回报、涉及房地产配资或校园网贷等业务的网贷机构进行重点排查。同时，专项整治工作重点整治和取缔互联网企业在线上线下违规或超范围开展网贷业务，以网贷名义开展非法集资等违法违规活动。

2016 年 10 月 13 日，中国人民银行等 17 个部门印发了《通过互联网开展资产管理及跨界从事金融业务风险专项整治工作实施方案》。该方案确定的整治重点如下：一是具有资产管理相关业务资质，但开展业务不规范的互联网企业，重点查处将线下私募发行的金融产品通过线上向非特定公众销售等问题。二是未取得资产管理等金融业务资质，跨界开展金融活动的互联网企业，重点查处持牌机构委托无代销资质的互联网企业代销金融产品等问题。三是具有多项金融业务资质，综合经营特征明显的互联网企业，重点查处账户管理混乱，客户资金保证措施不到位等问题。

2017 年 4 月 7 日，中国银监会发布了《关于银行业风险防控工作的指导意见》。该意见要求做到以下几点：一是加强信用风险管控，要求银行业金融机构摸清风险底数，落实信贷及类信贷资产的分类标准和操作流程，真实、准确和动态地反映资产风险状况；加强统一授信、统一管理，加强新增授信客户风险评估，严格不同层级的审批权限。二是完善流动性风险治理体系，要求银行业金融机构完善风险监测覆盖，加强重点机构管控，创新风险防控手段，定期开展压力测试，完善流动性风险应对预案，提前做好应对准备。三是加强债券投资业务管理，要求银行业金融机构健全债券交易内控制度，强化债券业务集中管理机制，加强债券风险监测防控，严格控制投资杠杆。四是强化同业业务整治，从控制业务增量、做实穿透管理、消化存量风险、严查违规行为等方面明确监管要求。五是规范银行理财和代销业务，要求银行业金融机构加强理财业务风险管控，规范银行理财产品设计，加强金融消费者保护，审慎开展代销业务。六是防范房地产领域风险，要求分类实施房地产信贷调控，强化房地产风险管控，加强房地产抵押品管理。七是加强地方政府债务风险管控，要求银行业金融机构严格落实相关法律法规，强化融资平台风险管控，规范开展新型业务模式，加强对高风险区域的风险防控。八是稳妥推进互联网金融风险治理，要求持续推进网贷 P2P 平台风险专项整治，做好校园网贷、"现金贷"业务的清理整顿工作。九是加强外部冲击风险监测，要求重点防范跨境业务风险和社会金融风险，严厉打击非法集资，防止民间金融风险向银行业传递。十是其他风险防控，要求银行业金融机构加强案件风险防范，强化信息科技风险防控，加强预期管理，维护银行业经营稳定。

2017 年 4 月 17 日，P2P 网络借贷风险专项整治工作领导小组办公室发布了《关于开展"现金贷"业务活动清理整顿工作的通知》，并认为部分平台存在三个突出问题：一是利率畸高。现金贷平台以"现金贷"之名行"高利贷"之实。从现金贷平台大小贷发现，1000 元借 7 天，到期本息一共 1050 元。按照平台的费用说明，其中 46 元为居间服务费，4 元为利息。按照综合成本年化利率来计算，竟高达 260.7%。据"一本财经"统计的数据，78 家较知名现金贷平台，平均利率 158%，其中最高的"发薪贷"年化利率可达 598%。[1] 二是风控基本为零，坏账率极高，依靠暴利覆盖风险。部分平台大力招聘线下人员，盲目扩张，且放款随意，部分平台借款人只需要输入简单信息和提供部分授权即可借款，行业坏账率普遍在 20% 以上。三是利滚利让借款人陷入负债危机。借款人一旦逾期，平台将收取高额罚金，同时采取电话"轰炸"其亲朋好友或暴力催收等手段，部分借款人在一个平台上的借款无法清偿时，被迫转向其他平台"借新还旧"，使得借款人负债成倍增长。各地区要根据排查情况确定"现金贷"机构名单，摸清风险底数，防止风险的集中爆发和蔓延，维护网贷行业的正常发展秩序。

2017 年 6 月 29 日，中国人民银行等 17 部门联合印发了《关于进一步做好互联网金融风险专项整治清理整顿工作的通知》。该通知指出，对清理整顿工作进行了详细的进度安排并要求各省领导小组应按照清理整顿的有关要求，完成本行政区域的互联网金融活动的状态分类，形成机构分类清单以及清理整顿状态分类阶段总结报告，并于 2017 年 6 月底前报送互联网金融风险专项整治工作领导小组。各省领导小组要在清理整顿开展

---

① 蔡平：《年化利率最高 598%，现金贷整改来袭》，载《三湘都市报》2017 年 4 月 15 日。

期间组织自查，及时掌握整治工作落实情况，查找问题、及时纠偏。领导小组于2017年7月起组织对各地清理整顿的督查和中期评估，确保整治质量和效果。领导小组要根据辖内从业机构分类清单，对照各从业机构经审核通过的整改计划，持续监督从业机构整改情况及业务退出进度，并及时纠偏；对从业机构整改完成并提交验收申请的，及时组织监管验收。领导小组要切实承担第一责任人职责，统一组织本地区清理整顿工作，采取有效措施确保整治期间辖内互联网金融从业机构数量及业务规模双降。对于跨省从业机构，机构总部注册地省级领导小组要将处置工作意见通报分支机构所在地省级领导小组，共同做好风险处置工作。此外，要做好严格准入或备案管理。凡从事互联网金融活动，必须依法接受准入或备案管理。清理整顿期间，非金融机构以及不从事金融活动的企业，在注册名称和经营范围中原则上不得使用"交易所""交易中心""金融""资产管理""理财""基金""基金管理""投资管理""财富管理""股权投资基金""网贷""网络借贷""P2P""股权众筹""互联网保险""支付"等字样。

2017年9月4日，中国人民银行、中央网信办、工业和信息化部、工商总局、银监会、证监会、保监会发布了《关于防范代币发行融资风险的公告》。该公告指出：近年来，与虚拟货币相关的投机炒作盛行，价格暴涨暴跌，风险快速聚集，严重扰乱了经济金融和社会秩序。代币（ICO）融资主体鱼龙混杂，融资运作涉嫌非法发行证券、非法集资、金融诈骗、传销等违法犯罪活动。为维护金融稳定，2016年开始人民银行会同多部门，在互联网金融风险专项整治工作框架下，指导地方政府清理整顿虚拟货币交易场所和ICO活动，发布《关于防范代币发行融资风险的公告》。前期清理整顿境内虚拟货币交易场所和ICO活动取得初步成效。国内88家虚拟货币交易平台和85家ICO平台基本实现无风险退出；以人民币交易的比特币从之前全球占比90%以上，下降至不足5%，有效阻隔了虚拟货币价格暴涨暴跌对我国的消极影响，避免了一场虚拟货币泡沫。

2017年12月1日，互联网金融风险专项整治工作领导小组办公室、网络借贷风险专项整治联合工作办公室发布了《关于规范整顿"现金贷"

业务的通知》。该通知针对过度借贷、重复授信、不当催收、畸高利率、侵犯个人隐私等问题明确了"现金贷"的开展原则。要求小额贷款公司监管部门暂停新批设网络（互联网）小额贷款公司；暂停新增批小额贷款公司跨省区市开展小额贷款业务。已经批准筹建的，暂停批准开业。同时，将暂停发放小贷公司牌照。对于不符合相关规定的已批设机构，要重新核查业务资质。"现金贷"业务必须持牌。设立金融机构、从事金融活动必须依法接受准入管理。未依法取得经营放贷业务资质，任何组织和个人不得经营放贷业务。为避免"现金贷"演变为"高利贷"，"现金贷"综合资金成本将不得超过 36% 的年化利率。① 各类机构以利率和各种费用形式对借款人收取的综合资金成本应符合最高人民法院关于民间借贷利率的规定。各类机构向借款人收取的综合资金成本应统一折算为年化形式，各项贷款条件以及逾期处理等信息应在事前全面、公开披露，向借款人提示相关风险。同时，为保护消费者，避免其过度举债，不得向无收入来源的借款人发放贷款，单笔贷款的本息费债务总负担应明确设定金额上限，贷款展期次数一般不超过 2 次。针对"现金贷"机构的"暴力催收"问题。各类机构或委托第三方机构均不得通过暴力、恐吓、侮辱、诽谤、骚扰等方式催收贷款。

同时要求，暂停发放无特定场景依托、无指定用途的网络小额贷款，逐步压缩存量业务，限期完成整改。应采取有效措施防范借款人"以贷养贷""多头借贷"等行为。禁止发放"校园贷"和"首付贷"。禁止发放贷款用于股票、期货等投机经营。地方金融监管部门应建立持续有效的监管安排，中央金融监管部门将加强督导。对于小额贷款公司资金来源也将加强监管。禁止以任何方式非法集资或吸收公众存款。禁止通过互联网平台或地方各类交易场所销售、转让及变相转让本公司的信贷资产；禁止通过网络借贷信息中介机构融入资金。对于超比例规定的小额贷款公司，应

---

① 2020 年 8 月 18 日，最高人民法院审判委员会第 1809 次会议通过的《最高人民法院关于修改〈关于审理民间借贷案件适用法律若干问题的规定〉的决定》的第二十五条规定：出借人请求借款人按照合同约定利率支付利息的，人民法院应予支持，但是双方约定的利率超过合同成立时一年期贷款市场报价利率四倍的除外。

制定压缩规模计划，限期内达到相关比例要求，由小额贷款公司监管部门监督执行。完善P2P网络借贷信息中介机构业务管理：不得撮合或变相撮合不符合法律有关利率规定的借贷业务；禁止从借贷本金中先行扣除利息、手续费、管理费、保证金以及设定高额逾期利息、滞纳金、罚息等。P2P网络借贷信息中介机构不得为在校学生、无还款来源或不具备还款能力的借款人提供借贷撮合业务。不得提供"首付贷"、房地产场外配资等购房融资借贷撮合服务。不得提供无指定用途的借贷撮合业务。对于违规开展业务的，将由各监管部门按照情节轻重，采取暂停业务、责令改正、通报批评、不予备案、取消业务资质等措施督促其整改，情节严重的坚决取缔；同时，视情节由省级人民政府相关职能部门及金融监管部门依法实施行政处罚。

2017年12月25日，中国人民银行发布了《条码支付安全技术规范（试行）》和《条码支付受理终端技术规范（试行）》。在业务规范方面，银行业金融机构、非银行支付机构开展条码支付业务涉及跨行交易时，必须通过人民银行清算系统或者合法清算机构处理，支付机构还应符合相应的业务资质要求。为消费者提供条码支付付款服务的，应当立足于小额、便民市场定位，按照风险防范能力等级，对条码支付额度进行分级管理，在风险防范和支付便捷中取得有效平衡。为特约商户提供条码支付收单服务的，应执行银行卡收单业务管理相关要求，切实履行商户管理、交易风险监测等收单主体的责任，强化对收单外包机构的管理。在技术规范方面，银行业金融机构、非银行支付机构和清算机构要加强条码支付技术风险防控，合理运用支付标记化、可信执行环境、条码防伪识别等手段，提升条码支付客户端软件安全防护能力，规范条码支付交易报文管理，保障交易信息的真实性、完整性、一致性、可追溯性，构建以受理终端注册、大数据分析为基础的条码支付创新风险管理机制。要加强标准落地实施，强化条码支付产品质量和安全管理，提升条码支付产品的技术标准符合性和安全性，切实保障金融消费者的财产安全和合法权益。

2018年1月17日，中国人民银行营业管理部发布了《关于开展为非法虚拟货币交易提供支付服务自查整改工作的通知》，要求辖内各法人支付机构自文件发布之日起在本单位及分支机构开展自查整改工作，严禁为虚拟货币交易提供服务，并采取有效措施防止支付通道用于虚拟货币交易。各单位应于 2018 年 1 月 20 日前将自查情况、已采取措施等上报营业管理部。该通知还要求，各单位应加强日常交易监测，对于发现的虚拟货币交易，应及时关闭有关交易主体的支付通道，并妥善处理待结算资金，避免出现群体性事件。

2018 年 3 月 28 日，互联网金融风险专项整治工作领导小组办公室下发了《通过互联网开展资产管理业务整治力度及开展验收工作的通知》。该通知专门针对通过互联网开展资产管理业务的整治工作进行验收、处置。主要涵盖两个方面的重点内容：一是明确了互联网开展资产管理业务的本质等；明确了资产管理类型的范围，将"引流"认定为"变相代销"。二是布置了违规互联网资产管理业务整治验收工作，规定了依托互联网发行销售资产管理产品的行为整治期限，以及互联网资产管理整治工作的验收流程及分类处置方式，同时还明确了互联网资产管理风险整治的其他相关要求。

2018 年 4 月 27 日，中国银行保险监督管理委员会、中国证券监督管理委员会、国家外汇管理局联合印发了《关于规范金融机构资产管理业务的指导意见》，要求资产管理业务不得承诺保本保收益，明确刚性兑付的认定及处罚标准，鼓励以市值计量所投金融资产，同时考虑到部分资产尚不具备以市值计量的条件，兼顾市场诉求，允许对符合一定条件的金融资产以摊余成本计量。

2018 年 8 月 17 日，全国 P2P 网络借贷风险专项整治工作领导小组办公室下发了《P2P 合规检查问题清单》。该清单共 108 条，针对 P2P 网贷机构未经出借人明确书面授权的"自动投标"业务、"隐藏不良资产"以及"以大数据为名窃取滥用客户隐私信息"等列入清单之中。

2018 年 10 月 10 日，中国人民银行、中国银行保险监督管理委员会、中国证券监督管理委员会发布了《互联网金融从业机构反洗钱和反恐怖融资管理办法（试行）》，并规定，互联网金融业务反洗钱和反恐怖融资工作的具体范围由中国人民银行会同国务院有关金融监督管理机构按照法律规定和监管政策确定、调整并公布，包括但不限于网络支付、网络借贷、网络借贷信息中介、股权众筹融资、互联网基金销售、互联网保险、互联网信托和互联网消费金融等。中国互联网金融协会按照中国人民银行、国务院有关金融监督管理机构关于从业机构履行反洗钱和反恐怖融资义务的规定，协调其他行业自律组织，制定并发布各类从业机构执行本办法所适用的行业规则；配合中国人民银行及其分支机构开展线上和线下反洗钱相关工作，开展洗钱和恐怖融资风险评估，发布风险评估报告和风险提示信息；组织推动各类从业机构制定并实施反洗钱和反恐怖融资方面的自律公约。

2018 年 11 月 1 日，P2P 网络借贷风险专项整治工作领导小组办公室发布了《关于开展"现金贷"业务活动清理整顿工作的补充说明》，要求各地开展"现金贷"业务活动过程中，可参考《关于审理民间借贷案件适用法律若干问题的规定》《非法金融机构和非法金融业务活动取缔办法》《关于小额贷款公司试点的指导意见》《网络借贷信息中介机构业务活动暂行管理办法》《P2P 网络借贷风险专项整治工作实施方案》等文件作为清理整顿工作依据，对违法违规行为予以监督管理，对违法犯罪行为及时移送相关机关。

2019 年 1 月 21 日，互联网金融风险专项整治工作领导小组办公室、P2P 网贷风险专项整治工作领导小组办公室联合发布了《关于做好网贷机构分类处置和风险防范工作的意见》要求各地应充分利用《关于开展 P2P 网络借贷机构合规检查工作的通知》《关于开展 P2P 网络借贷机构风险摸排检查与制定风险处置预案有关工作的通知》，在摸清辖内 P2P 网贷机构底数的基础上，按照风险状况进行分类，绘制风险图谱，明确任务清单。将坚持以机构退出为主要工作方向，除部分严格合规的在营机构外，其余机构能退尽退，应关尽关，加大整治工作的力度和速度。同时，稳妥有序推进风险处置，分类施策、突出重点，精准拆弹，确保行业风险出清过程有序可控，守住不发生系统性风险和大规模群体性事件的底线。

2019 年 3 月 22 日，中国人民银行发布了《关于进一步加强支付结算管理 防范电信网络新型违法犯罪有关事项的通知》。对单位支付账户管理提出要求：一是支付机构为单位开立支付账户应当严格审核单位开户证明文件的真实性、完整性和合规性，开户申请人与开户证明文件所属人的一致性，并向单位法定代表人或负责人核实开户意愿，留存相关工作记录。支付机构可采取面对面、视频等方式向单位法定代表人或负责人核实开户意愿，具体方式由支付机构根据客户风险评级选择。二是要求支付机构于2019年6月30日前按上述要求完成存量单位支付账户实名制落实情况核实工作。三是要求支付机构根据单位客户风险评级，合理设置并动态调整同一单位所有支付账户余额付款总限额。对同一单位所有支付账户余额付款总金额进行限制。

2019年4月9日，互联网金融风险专项整治工作领导小组办公室、网络借贷风险专项整治联合工作办公室发布了《网络借贷信息中介机构有条件备案试点工作方案》。该方案严格划分网贷机构类别，将网贷机构按照经营范围划分为单一省级区域经营和全国经营两类。单一省级区域经营机构实缴注册资本不少于人民币5000万元，全国经营机构实缴注册资本不少于人民币5亿元。实缴注册资本应为货币资金。网贷机构资本金应为股东自有资金，股东不得以委托资金、债务资金等非自有资金入股。单一省级区域经营机构对于新撮合的业务，应当按照撮合业务余额1%的固定比例缴纳一般风险准备金，全国经营机构应当按照撮合业务余额3%的固定比例缴纳一般风险准备金。单一省级区域经营机构应当按每一借款人借款项目金额的3%计提出借人风险补偿金。全国经营机构应当按每一借款人借款项目金额的6%计提出借人风险补偿金。出借人风险补偿金用于在借款人出现信用风险等情形下，部分弥补对应出借人的本金损失。互联网金融风险专项整治领导小组、网络借贷风险专项整治领导小组拟在风险出清程度高、合规检查质量较好、政府对风险把控能力强、风险底数清晰的地区中挑选部分省市作为先行试点地区。试点地区省级人民政府应于2019年4月末前制定本地区网贷机构有条件备案工作实施方案，并报两小组审核同意后施行。正式启动时间不应晚于2019年6月末。其余地区根据本辖区内网贷机构整改情况，参照先行试点地区工作经验逐步启动有条件备案相关工作，但最晚应于2020年12月末前完成本辖区内全部网贷机构分类处置及有条件备案及整改工作。

2019年5月17日，中国银保监会发布了《关于开展"巩固治乱象成果 促进合规建设"工作的通知》，要求防风险与稳增长相结合，实现防风险、治乱象和稳增长、调结构的有机统一。削减违规存量问题与遏制违规增量问题相结合，坚持已发现问题整改和新问题查处两手抓，两手都要硬。强内控与严监管相结合，银行保险机构要落实乱象治理与合规建设的主体责任，将严监管长期坚持下去。保持定力与把握力度相结合，既坚持对市场乱象的"零容忍"，又主动适应宏观形势变化，把握好节奏力度，严防处置风险。

2019年5月31日，互联网金融风险专项整治工作领导小组办公室发出了《关于提请对部分"现金贷"平台加强监管的函》。该函件显示，近期有舆论信息反映，部分平台通过手机回租违规放贷、强行搭售会员服务和商品、变相抬高利率、恶意致借款人逾期、虚假购物再转卖放贷等手段，逃避监管，变相开展"现金贷"业务，坑害金融消费者，对此互联网金融风险专项整治小组办公室提请网贷风险专项整治小组办公室对乱象进行清理整顿。

2019年8月1日，国务院办公厅印发了《关于促进平台经济规范健康发展的指导意见》。该意见提出，制定出台网络交易监督管理有关规定，依法查处互联网领域滥用市场支配地位限制交易、不正当竞争等违法行为，保障平台经济相关市场主体公平参与市场竞争。对于涉及金融领域的互联网平台，其金融业务的市场准入管理和事中事后监管，按照法律法规和有关规定执行；设立金融机构、从事金融活动、提供金融信息中介和交易撮合服务，必须依法接受准入管理。

2019年9月2日，互联网金融风险专项整治工作领导小组、网贷风险专项整治工作领导小组联合发布了《关于加强P2P网贷领域征信体系建设的通知》，提出，"支持在营P2P网贷机构接入征信系统""持续开展对已退出经营的P2P网贷机构相关恶意逃废债行为的打击""加大对网贷领域失信人的惩戒力度"和"加强宣传和舆论引导"四个部分，鼓励银行业金融机构、保险机构等按照风险定价原则，对P2P网贷领域失信人提高贷款利率和财产保险费率，或者限制向其提供贷款、保险等服务。

2020 年 4 月 22 日，中国银保监会出台了《商业银行互联网贷款管理暂行办法》。该办法要求商业银行运用互联网和移动通信等信息通信技术，基于风险数据和风险模型进行交叉验证和风险管理，线上自动受理贷款申请及开展风险评估，并完成授信审批、合同签订、贷款支付、贷后管理等核心业务环节操作，为符合条件的借款人提供用于消费、日常生产经营周转等的个人贷款和流动资金贷款。

2020 年 11 月 9 日，国家市场监督管理总局发布了《关于平台经济领域的反垄断指南（征求意见稿）》。该征求意见稿对公众关注的平台经济领域"二选一""大数据杀熟""搭售行为"等问题予以规定。2020 年 12 月，中央政治局会议首次提出"强化反垄断和防止资本无序扩张"。为预防和制止平台经济领域垄断行为，引导平台经济领域经营者依法合规经营，将该工作列为 2020 年的重点工作任务之一。

2021 年 2 月 7 日，国务院反垄断委员会制定并发布《国务院反垄断委员会关于平台经济领域的反垄断指南》。该指南界定了平台、平台经营者、平台内经营者及平台经济领域经营者等基础概念，提出了对平台经济开展反垄断监管应当坚持保护市场公平竞争、依法科学高效监管、激发创新创造活力、维护各方合法利益的原则。还针对社会各方反映较多的"二选一""大数据杀熟"等热点问题做出了规定。

纵观上述规定，有些规定是专门针对互联网金融风险整治的，有些则是与互联网金融风险整治相关配套的。这些规定尽管在实践中发挥了作用，但多数规定为政策性的规定，有些规定属于暂时性、对策性的，互联网金融风险整治的长效政策或者指导性方案较少；有些还不是完全意义上的部门规章，仅仅属于规范性文件，其效力较低，未能有效解决互联网金融存在的问题。

第二节　互联网金融风险整治规范的分析与解读

"2015 指导意见"为监管提供了发展与规范的基本思路与方向。2016

年政府对互联网金融由"促进发展"转向"规范发展"。2016年4月14日，国务院组织14个部委召开电视电话会议，在全国范围内启动针对有关互联网金融领域为期一年的风险整治运动，并出台《互联网金融风险专项整治工作实施方案》（以下简称《实施方案》）作为风险整治实施的依据。互联网金融监管理念从原有的机构监管转变为行为监管，从中央一级的单一监管转变为中央与地方政府多层次的协调监管，从原有单一实施监管主体转变为多元化实施监管主体等。互联网金融风险的整治活动，并不是要打压互联网金融，而是要督促其规范发展，并且要建立长效监管机制。而2017年、2018年以及2019年对互联网金融风险进行的整治，主要针对的是问题网贷平台、违规第三方支付、跨界资管平台等风险事件多发领域，强调实行"穿透式"监管。有观点认为，"穿透式"监管强调实质重于形式，在我国目前金融分业监管体制下，人为划分不同的监管领域，严格遵守监管形式要求，会导致监管真空和增加套利机会，"穿透式"监管就是要刺破表面看实质。也有观点认为，在摸底排查结束后，政府和监管层基本掌握了风险情况和明确了行动部署，同时，社会公众也希望了解整治方案。整体方案和配套制度不仅能够满足社会公众的知情需求，使金融消费者明确投资方向和市场预期，还能够帮助互联网金融平台制定整改措施和经营方针，对稳定社会舆论和提升金融消费者信心也具有积极意义。

一、互联网金融风险整治方案的实施阶段

《实施方案》公布时期为摸底排查结束、准备实施清理整顿的节点。摸底排查只是收集信息、掌握情况、了解风险，为实施清理整顿工作奠定基础。对违规情节较轻的从业机构整改；对拒不整改或违规情节较重的，依法依规坚决予以关闭或取缔；涉嫌犯罪的，移送公安机关。其"重点整治问题和工作要求"分领域确立了P2P网贷、股权众筹、互联网资产管理业务、第三方支付业务和互联网金融广告等业务。禁止未取得相关金融资质的房地产开发企业、房地产中介机构和互联网金融机构利用网贷P2P平台或者股权众筹平台从事房地产金融业务。在此之前，由于股权众筹没

有相应的规范细则和监管办法，仅有国务院文件明确不得自筹，不得明股实债，并强调不能以股权的形式掩盖债权融资的实质。由于明股实债类融资交易结构较为复杂，条款设计较为专业，只有在界定结构的基础上，有效识别各种风险，方能实现适当定价、优化配置的效果。明股实债类融资工具在适用基础设施建设和公益性项目保障地方经济社会发展的资金需要，推动民生改善和社会事业发展方面起到了重要作用，而且形成了大量优质资产，为配置型金融机构提供了良好的投资标的。①

2017 年 2 月 23 日，银监会发布的《网络借贷资金存管业务指引》对网络借贷资金存管业务的各方职责义务、业务操作规则等作了规定。主要内容包括：第一，明确了银行存管业务职能，且一家平台只能选择一家存管银行；第二，明确银行存管责任边界，降低银行风险责任，禁止网贷平台过度宣传夸大银行资金本身的安全性；第三，明确网贷平台在地方金融监管部门备案登记和获得相应的增值电信业务经营许可等，这是平台开展银行存管的前置条件；第四，明确资金存管账户体系，出借人、借款人及其他网贷业务参与方等在资金存管专用账户下开立子账户；第五，明确官方自律管理机构为中国互联网金融协会，其职责是制定经营管理规则和行业标准，申请加入协会要接受严格考察和审核。随着跨行业、跨机构、跨平台的各类层层嵌套的跨界金融产品不断涌现，由于金融机构、非金融机构参与其中，其风险和隐患也在不断积累并聚集。为此，针对资金嵌套、空转及衍生出的高杠杆问题，开展了网贷 P2P 风险专项整治，专项清理整顿"校园贷""现金贷"等互联网金融业务及相关金融机构。同时，各地在开展"现金贷"业务活动清理整顿工作中，对具有下列特征的平台应当予以重点关注：一是平台利率畸高。当前部分平台采取日息、月息等概念吸引借款人，而实际年化利率超过司法解释，造成部分借款人负债累增。根据 2015 年《最高人民法院关于审理民间借贷案件适用法律若干问题的规定》第 26 条的规定，"借贷双方约定的利率未超过年利率 24%，出借人请求借款人按照约定的利率支付利息的，人民法院应予支持""借

---

① 苏奎武：《明股实债类融资工具的界定与风险识别》，载《中国保险资产管理》2016 年第 4 期。

贷双方约定的利率超过年利率36%，超过部分的利息约定无效。借款人请求出借人返还已支付的超过年利率36%部分的利息的，人民法院应予支持"。① 二是实际放款金额与借款合同金额不符。部分平台在给借款人放贷时，存在从借贷本金中先行扣除利息、手续费、管理费、保证金等金额，造成借款人实际收到的借款金额与借款合同约定金额不符，变相提高借款人借款利率。三是无抵押，期限短。"现金贷"平台主要通过无抵押信用贷款、借款期限集中在130天、放款速度快等方式吸引借款人。四是依靠暴利覆盖风险，暴力催收。当前部分"现金贷"平台风险控制十分薄弱，行业坏账率普遍在20%以上，平台依靠收取的高额利率平衡风险。而借款人一旦逾期，平台则采取非法手段对借款人进行各种方式的暴力催收，极易造成恶性事件的发生。同时，监管针对互联网小贷和"现金贷"业务进行专项整治，并明确了排查重点和整治时间表。各类具有里程碑意义的监管文件，都指向一个终极目标——在"稳"字当头的前提下，让整个金融行业在合规有序中持续发展。

为进一步推进网络借贷风险专项整治工作，落实有关指示精神和国务院金融委防范化解金融风险第七次、第八次专题会议要求，根据《网络借贷信息中介机构管理暂行办法》及其配套措施等网贷风险专项整治工作有关文件，在各地对辖内网贷机构进行合规检查的基础上，对存量基本合规机构展开后续备案试点工作。

二、互联网金融风险治理的推进阶段

互联网资管行业的发展存在经营模式和经营方式混杂的问题，部分没有基金代销牌照的互联网金融平台开展此类业务涉及监管套利，对风险点的处置和资产泡沫的防控成为监管工作的重点。2018年3月28日，互联网金融风险专项整治工作领导小组办公室发布的《关于加大通过互联网开

---

① 需要注意的是，该规定于2020年8月18日最高人民法院审判委员会第1809次会议《关于修改〈关于审理民间借贷案件适用法律若干问题的规定〉的决定》修正为："出借人请求借款人按照合同约定利率支付利息的，人民法院应予支持，但是双方约定的利率超过合同成立时一年期贷款市场报价利率四倍的除外。"其中"一年期贷款市场报价利率"，是指中国人民银行授权全国银行间同业拆借中心自2019年8月20日起每月发布的一年期贷款市场报价利率。

展资产管理业务整治力度及开展验收工作的通知》要求：把防控金融风险放到更加重要的位置，下决心处置一批风险点，着力防控资产泡沫，提高和改进监管能力，确保不发生系统性金融风险。

互联网资产管理中的嵌套是指金融资产交易所、银行、小贷公司等金融机构将一个底层金融资产在一次次转让过程中一层层承诺回购。其主要目的是扩大杠杆或绕开法律对于牌照准入或投资者合格性的要求。其每层嵌套都可能抬高了杠杆，且通过嵌套绕开了金融监管，扩大了风险。资产嵌套最终的回购者是底层金融资产的提供商，底层资产一旦出现问题，风险就会层层传导，出现风险事件。特别是很多嵌套中的金融资产涉及合格投资人条件、投资者人数、宣传手段、经营牌照的要求，再加上售卖者难以获知底层资产的真正来源，容易引发系统性金融风险。对网贷机构将互联网资产管理业务剥离、分立为不同实体的，应当将分立后的实体视为原网贷机构的组成部分，一并进行验收，承接互联网资产管理业务的实体未将存量业务压缩至零前，不得对相关网贷机构予以备案登记。同时还要求各地应加强拟备案的网贷机构的股东资质审核，对于存量违法违规业务未化解完成的互联网资产管理机构，不得对其实际控制人或股东投资设立的网贷机构予以备案登记。对规范网贷机构互联网金融服务、管控和避免风险串联采取有力举措。金融市场中的集资行为如果缺乏必要的监管，容易放任资本市场中盲目跟风投资的行为，使投资的人数与投资的规模都急剧膨胀，一旦风险发生便会产生恶果。互联网理财以互联网作为宣传渠道，其涉及的人数之广、数额之大极易使其触及法律禁止的"红线"。其整改措施主要为以下几点。

一是化解存量，严控增量。整改期间，互联网金融机构存量不合规业务要逐步压降至零，不得新增不合规业务。一经发现新增不合规业务，各省领导小组办公室或各省领导小组指定部门须立即叫停并严肃处理。对于经现场检查发现存在违法违规问题的从业机构，采取差别化处置措施。对合规类机构应纳入日常监管范围；对整改类机构应出具整改意见，明确违法违规金融活动的退出时间表；对取缔类机构应视具体情形，出具行政处罚意见或按照处置非法集资、打击非法证券活动、清理整顿各类交易场所等工作机制予以查处。

二是对整改类机构进行分类，分类整治。（1）整改类机构。对违法违规情节较轻、配合整改意愿较强的从业机构，下发整改意见书，持续监督落实整改要求，并组织验收。制定整改计划，要求从业机构对照整改意见书自行制定整改计划，确定整改完成期限，并提交各省领导小组办公室或各省领导小组指定部门审核。整改计划应承诺不新增不合规业务；对存量不合规业务明确退出时间表，原则上不超过一年，分领域有具体规定的，从其规定。同时，还需要做好退出业务可能引发风险的应急预案。（2）取缔类机构。对不配合监管、拒不整改或整改后验收不合格，以及违规情节较重的，纳入取缔类机构处理。视具体情形由省级人民政府根据部门职能指定部门依法实施行政处罚，或按照处置非法集资、打击非法证券活动、清理整顿种类交易场所等工作机制予以查处，金融部门应停止提供金融服务，通信管理部门依法处置互联网金融网站和移动应用程序。同时加强失信、投诉和举报信息共享，坚决打击相关违法违规金融活动。（3）对没有金融牌照、涉嫌恶意欺诈的严重违法违规行为，各省领导小组要全面汇总分析业务性质、规模、资金流向等排查资料，组织相关部门提出处置意见，协同开展打击查处、属地稳控、资产变现追缴等工作，确保社会大局稳定。

对合规类网贷 P2P 机构，要求其在规定期限内办理备案登记，纳入日常监管范围。对整改类网贷 P2P 机构出具整改意见书，督促制定实施整改计划；对于整改困难、机构属性复杂、业务交叉嵌套等情形，根据业务规模、类别、主管业务等甄别机构性质，按照主动退出、合并重组、剥离独立以及转型移交等情形进行分类整改，并明确违法违规金融活动退出时间表。对取缔类网贷 P2P 机构，按照前述取缔类机构处置程序执行。

对未纳入重点对象范围的从业机构，要求采取集中约谈、宣讲政策、警示教育等多种方式，进行全面自查并整改，不得再违法违规从事金融活动。各地应组织对非重点对象的随机抽查，抽查比例不低于非重点对象的20%，对于发现违法违规金融活动的，按照重点对象的标准和程序进行清理整顿。

另外，为防止服务器设在境外，但实质面向境内居民提供交易服务的虚拟货币交易平台网站采取必要管控措施，并将加强监测，实时封堵。加强对新摸排的境内 ICO 及虚拟货币交易相关网站、公众号等的处置。对于定期摸排发现的境内 ICO 及虚拟货币交易场所网站、公众号以及为上述活动提供支持和服务的公众号、自媒体及网站，及时予以关闭和查封。从支付结算端入手持续加强清理整顿力度。要求其严格落实不得开展与比特币等虚拟货币相关业务的要求。指导相关支付机构加强支付渠道管理、客户识别和风险提示，建立监测排查机制，停止为可疑交易提供支付服务。

三、互联网金融的强监管时代

2018 年不仅延续 2017 年的监管思路，还增强了"补短板"的措施。例如，《互联网金融风险专项整治工作实施方案》要求重点整治的网贷 P2P、股权众筹、互联网资产管理、第三方支付等领域，原定于 2017 年 3 月完成的专项整治工作又延期一年，完成期限为 2018 年 6 月。若平台到时没有完成，则被取缔。2018 年 3 月，互联网金融风险专项整治工作领导小组办公室《关于加大通过互联网开展资产管理业务整治力度及开展验收工作的通知》对互联网资产管理业务的验收标准、验收流程及分类处置作了具体说明。同年 4 月 27 日，中国人民银行、银保监会、证监会、国家外汇管理局的《关于规范金融机构资产管理业务的指导意见》对非标准化债权类资产投资、产品净值化管理、消除多层嵌套、统一杠杆水平、合理设置过渡期等进行规范。《关于做好网贷机构分类处置和风险防范工作的意见》要求加快网贷行业风险出清，对行业机构进行有效分类、分类处置，并要求积极引导部分机构转型网络小贷公司、助贷公司或为持牌机构导流，无疑为有资产端获取能力的网贷机构提供一种可转型的方向。在监管上要求区域性、全国性的网贷 P2P 机构缴纳不同层级的一般风险准备金，并设立出借人风险补偿金。其中，一般风险准备金的作用，主要是先行支付出借人由于网贷 P2P 机构发布虚假信息或自融等原因时造成的损失；而出借人风险补偿金，是用于弥补出借人在出现信用风险时的本金损失。网贷 P2P 机构作为信息中介平台发挥金融功能具有较大的局限性，对其要求强化了金融的属性。一方面，网贷P2P机构仅仅通过信息撮合交易，没有期限错配功能很难运行；另一方面，我国的网贷P2P机构始终带有金融属性、信用性质机构的特性。按照党中央、国务院决策部署，要坚持"稳定大局、统筹协调、分类施策、精准拆弹"的基本政策，稳妥有序处置风险隐患，推动网贷机构回归信息中介本源。然而，网贷P2P机构在转型期内面临新的问题：一是持牌的网络小贷机构，改做信用中介；二是做助贷和导流平台，提供技术和流量支撑。对于拥有一定资产端获取能力、拥有高净值人群的平台尽管可以选择为金融机构引流，但平台是导流不是代销，而银行理财的服务门槛也远高于网贷机构，转型陷入困境。金融监管政策要求，凡是从事金融业务的机构，必须设置准入门槛，所有金融业务都要纳入监管。在政策性上将网贷作为信息中介，在定性上称网贷P2P机构。网贷的性质始终染指于信用，扮演着信用的角色，未能远离信用中介，其风险事件与非法吸收公众存款等非法集资行为相伴并存则是例证。理论上称其为"普惠金融"，强调其发挥着补充正规金融服务不到的领域，作为正规金融的补充，这种补充功能在实质上与被补充的正规金融具有同质性，均需要信用支持。在监管层面上确定由国家金融监管部门监管，作为信息中介的网贷P2P机构，其中的个因是其具有金融功能，按照功能监管的要求，当然由国家金融监管部门监管，其金融功能也未在信用上缺位。在风险处置上，实践中的责任承担，股东尤其是拥有5%以上的股东对债务依然承担《公司法》要求的出资以外的责任，这种责任的承担方式与其信息中介无关，与其信用未脱离干系。监管部门对互联网金融采取"穿透性"监管，贯彻"行为监管""功能监管"原则，并对资质、牌照、经营和风控进行了严格要求。从风险整治历程来看，网贷P2P平台数量众多、问题繁杂，监管在解决已存在问题过程中依然存在风险整治目的与风险整治政策未完全契合的情况。如《关于规范金融机构资产管理业务的指导意见》作为合规背景下的硬性要求，其本质是防范网贷平台作为中介机构挪用资金进行自融、构建资金池等违法违规行为。其目的是防止平台非法挪用投资者的资金，但实际中并未达成这一目的。网贷平台接入通过监管、自律组织测评的银行，而银行只是对平台的资金流向进行监控，并不对项目的真实性负责，最终对项目真实性负责的仍是平台本身。这些规定不仅未解决相应的问题，还在实践中变成了网贷平台对出借人宣传增信的工具，尤其是对资金存管的过度宣传释放出对出借人的误导信号。网贷 P2P 面对的资产端同传统金融相比较差，经营途径获得的高收益并不符合金融规律以及信用风险的特点，将其按照金融机构的金融风险进行治理，其效果不显著也就成为自然而然的事情。

第三节　互联网金融风险治理的思考及评判

互联网金融的迅猛发展不仅触及了传统金融唯我独尊的垄断地位，更为重要的是，刺激了传统金融互联网化的改革速度，甚至被誉为"一场具有世界意义的中国试验"。[①] 如何监管以及采取何种监管措施才能保障"中国试验"的成功，避免监管过严或者过宽影响互联网金融发展，又成为理论探讨、实践创新与制度建设的重要议题之一。

一、互联网金融风险整治政策与规定的分析

我国互联网金融之所以发展迅速，不仅仅是现代互联网金融技术的问题，更为重要的是我国的监管部门对其保持开放、包容的态度和鼓励创新的立场。这种相对宽松的环境不断激发互联网金融的资源活力与创新发展的动力。由于发展迅速和监管落后，其背后难免会蕴藏一些风险，还会因风险防范缺乏动力以及监管缺位不断集聚风险，尤其是资金的空转，一旦其遇到流动性问题，则会引发影响社会稳定的涉众型风险事件。

我国在此时期的高速度经济增长遮蔽了我国金融体制机制的一些结构性矛盾，而这些问题在我国经济下行时期日趋显露，国际金融危机连锁反应在传导过程中对我国经济的影响被成倍放大，以至于不断溢出或者释放出集聚或者隐藏的金融风险。互联网金融具有跨行业、跨市场、跨地域的

[①]　黄益平等：《互联网金融 12 讲》，中国人民大学出版社 2016 年版，第 16 页。

特点，其本质仍是金融，由于现代信息技术系统带来了金融业务流程的再造，互联网金融风险对整个传导机制也会产生影响，以至于叠加出更加复杂、更难控制的不同于传统金融的风险。互联网金融创新与风险交织相伴，而停止创新又有可能带来更大的风险，强监管又可能挤压出监管风险，互联网金融风险问题已成为我国金融业及经济生活中突出的问题，解决措施不对路或者出现失误难免会演变为威胁国民经济安全运行及社会秩序安定的社会问题，甚至引发影响社会稳定的政治问题。因此，在规范发展互联网金融的过程中应当完善风险防范机制，并通过属地履行协同监管职责来阻断互联网金融风险蔓延以及阻隔风险在不同领域的扩散，以免出现地域性风险和系统性风险。

面对令人震撼的互联网金融风险事件，特别是普通公众受骗与网贷企业"跑路"的涉众风险案件，人们不禁扪心自问：互联网金融究竟是一股积极的革新力量还是可怕的市场泡沫？互联网金融能否作为新的金融业态？它究竟是监管套利的暂时性产物还是新时代金融创新的模式？为何一边互联网金融风险事件频发而另一边又风生水起、如此火爆？如何把握互联网金融的风控与创新之间的平衡？这一系列或者一连串的问题再次进入人们的视野并成为社会关注的焦点。

在互联网金融中如何平衡"鼓励创新"和"防范风险"似乎存在两难。中国人民银行在 2017 年 1 月 5 日至 6 日的北京工作会议上提出了"将防范金融风险置于金融创新之前"。在风险整治过程中，互联网金融出现向金融科技公司转型的现象，众多公司纷纷跨界布局是技术创新服务金融的飞跃，还是泛起的另外一种互联网金融泡沫抑或所谓金融在第四次科技转型中的新生力量，还有待探索。

在互联网金融风险治理过程中，金融科技（FinTech）似乎成为超越"互联网金融"的另外一种创新趋势。实践中将金融科技误认为科技金融，没有厘清其界限，出现金融科技也是金融的观点。有观点认为，无论是科技金融公司还是互联网金融公司，都应该在监管范围内开展业务，而且从监管要求来看，科技金融公司并没有处于监管盲区。实质上，科技金融实际上是互联网金融发展的延伸。有观点认为，平台主打科技金融的概念，是建立在对自身业务更加准确和明晰的认识基础上的，尤其是对于信息中介这个定位，科技金融的概念其实更加准确。也有观点认为，互联网金融平台转型做科技金融是为了规避监管，以科技的名义做，可能不会受到这么强的监管。① 科技金融是互联网金融发展的延伸，仍然是借助新兴大数据、云计算、区块链等技术对现有金融机构产品及模式的革新，只不过互联网金融更加侧重于金融，科技金融更加侧重于技术，或者说互联网金融的产品形式还是金融，而科技金融在产品体现上很有可能是技术产品。需要划清互联网金融和金融科技的界限，金融科技要与持牌机构合作才能从事金融业务，并抛开表面属性，从业务模式出发进行穿透式监管。② 将互联网金融和金融科技区别对待是合理的，互联网金融企业应该就是传统银行等金融机构开展互联网业务，而金融科技企业同样需要传统金融机构在金融方面的资源和专业性。

　　党的十八届三中全会将"落实金融监管改革措施和稳健标准，完善监管协调机制""界定中央和地方金融监管职责和风险处置责任"作为改革举措，如何落实这一改革举措以及如何保障属地履职能够控制互联网金融风险传导也就成为亟待解决的问题。在大数据、云计算、移动互联网等信息技术快速发展的推动下，以互联网支付、网络借贷、股权众筹、数字货币等为代表的互联网金融得以飞速发展，业务形态日趋多元化，业务模式日新月异。这种迅速发展不仅提高了金融服务效率，还降低了交易成本，满足了多元化投融资的需求，同时在提升金融服务的普惠性和覆盖面等方面发挥了积极作用。互联网金融本质上仍是金融，没有改变金融风险的隐蔽性、传染性、突发性和较强的负外部性特征，而且互联网的场景化、跨界融合、全球化属性对监管带来了较大的冲击，特别是互联网金融风险的波及面更广、扩散速度更快、溢出效应更强的特点，使得游离于监管之外的叠加风险又因涉众变得更加不确定。互联网金融在快速发展中积累了一些问题和风险，特别是打着"金融创新"的幌子进行非法集资、金融诈骗等违法犯罪活动，对互联网金融行业产生了负面影响。

---

　　①② 岳品瑜：《科技金融 风口还是噱头？》，载《北京商报》2016 年 7 月 24 日。

互联网金融风险专项整治涉及多个部委，央行、国家金融监管部门、证监会将分别发布网络支付、网络借贷、股权众筹和互联网保险等业务的专项整治方案，其专项整治共有 7 个分项整治子方案。然而一系列有关互联网金融监管的规范性文件的规定以及具体工作的开展并未解决互联网金融的根本问题。由于互联网金融隐含的风险复杂而隐秘，对互联网金融风险的整治关键是如何识别和化解互金风险。① 互联网金融风险整治是使其合规，更加规范化，然而在网贷 P2P 机构的风险整治中，从规定"备案"到要求"备案试点"再到"监管试点"，最终的结果是清退。在这一期间，互联网金融风险遇到复杂的内外部环境，投资金额不断累高，当备案一拖再拖始终悬空而不落地，在其无法合规时"爆雷"也就成为必然。互联网金融风险整治因网贷 P2P 机构消亡而风险消弭，对这种整治方式和措施需要反思。

二、互联网金融风险整治政策与整治实践的分析

我国投资者对互联网金融风险的认识处在传统金融风险意识状态识别、承担风险能力不足的阶段，且市场主体的信用体系不发达、诚信缺失。对现有互联网监管政策以及监管体制、履职机制审视可以发现，我国互联网金融风险防范的缺失和监管履职机制失灵，导致互联网金融风险传递、扩散、集中爆发。如何落实互联网金融政策法律规定和风险整治过程如何不因整治不利或者错位而溢出风险就成为值得研究的问题。

2016 年 12 月 14 日至 16 日，中央经济工作会议提出：要把防控金融风险放到更加重要的位置，下决心处置一批风险点，着力防控资产泡沫，提高和改进监管能力，确保不发生系统性金融风险。透过互联网金融创新与风险伴随的场景、风险与监管不同步的现实、理论和实践脱节的现状，加强互联网金融风险防范的重要性毋庸置疑。倘若互联网金融风险防范错位，互联网金融风险治理越位，互联网金融监管属地履职缺位，单一性的舆论激发盲目的"羊群效应"造成互联网金融变异为金融科技公司，特

---

① 温源：《整治互联网金融 剑指何方？》，载《光明日报》2016 年 4 月 22 日。

别是在理性预期得不到正确引导的情况下，致使风险不断跨界或者跨区域传染，最终将导致互联网金融集中"爆雷"现象。

互联网金融导致的大量创新活动，在监管上缺乏法律规定，用现有法律约束创新活动，必然对创新的动力有所抑制。[1] 为了防止互联网金融风险的集中爆发和跨区域传染，有的地区对互联网金融实行严格的监管措施。如深圳、重庆、上海出台的规定，注册公司如果涉及互联网金融就暂停注册，或者已经成立的公司就暂停业务。这种管得过于严格的地区存在抑制或者阻碍互联网金融创新的可能。然而有些地方实行弱监管，为互联网金融创新留有更多的余地和空间。由于互联网金融业态创新性太强，模式"变种"过快，一味追求创新而忽视风险防范，则有可能带来风险，弱监管也有可能会换来无法控制的局面。一旦出现互联网金融风险事件，这种弱监管就会被冠之监管失职的恶名。就监管现状来看，发现一些经济和金融较为发达的地区，一般监管能力较强，如上海、广东、重庆、北京地区对互联网金融监管相对严格；相反，金融体系不完善，企业和个人难以获得金融服务的地区，却在监管上为互联网金融提供了相对宽松的环境[2]，其监管能力较弱。由于这些地区的地方政府重视发展，不重视监管的倾向越发严重，从而带来潜在的风险或者将这些风险传导到其他地区。在相当多的情况下对风险的转移监管部门是模糊的，由于互联网金融存在跨界、混业，致使其监管本身的责任边界也较为模糊。互联网金融的风险有别于传统金融业，其开放性和虚拟性以及网络进行交易数据的实时传输，致使互联网金融的监管比传统金融更为复杂，互联网金融分业监管遇到一些新的挑战。由于互联网金融存在形态虚拟化、运行方式网络化、业务边界模糊化的特点，一旦监管部门配合协调不力，监管边界不清，要么出现重复监管、交叉监管，要么出现监管真空，这不仅降低了监管的有效性，也会使监管出现内部消耗，特别是采用传统金融机构的监管方式，更使得监管失去实际意义。地方政府金融监管职能配置过于分散，风险处置责任不明晰，缺乏有效的沟通、协调和配合。一旦出现突发性风险事件，

---

① 肖四如、肖可砾：《互联网金融的发展趋势及深层影响》，载《银行家》2015 年第 3 期。
② 黄益平等：《互联网金融 12 讲》，中国人民大学出版社 2016 年版，第 120 页。

各部门常常推诿扯皮，难以形成监管合力。① 以至于互联网金融的监管政策和风险治理似乎在跟随互联网金融的风向跑。如网贷平台在强监管下转化为新的形式，第三方支付机构为违法现金贷提供支付通道衍生"714 高炮"及"55 超级高炮"后，② 2016 年 10 月 9 日，中国人民银行出台了《关于加强支付结算管理防范电信网络新型违法犯罪有关事项的通知》，2019 年 3 月 27 日，又下发了《关于进一步加强支付结算管理防范电信网络新型违法犯罪有关事项的通知》。2020 年 4 月，互金整治领导小组和网贷整治领导小组召开电视电话会议，认为虽然互联网金融和网贷风险专项整治工作取得了很大的成绩，但已经停业的网贷机构存量风险仍处高位。要进一步加快建设互联网金融监管长效机制，真正做到从源头上防范和化解互联网金融风险。③ 这种现象暴露了互联网金融风险整治仅仅具有"对症下药"的功能，在风险治理根源上效果不显著。

另外，我国对互联网金融发展的指导性意见和风险整治政策规定，在监管力量不足和监管履职缺位，特别是互联网金融风险整治政策出现偏差时，一旦遇到强监管就会造成风险事件发生。因此，在完善互联网金融属地监管的体制机制基础上，互联网金融风险整治政策应当符合风险的规律，不留恋传统金融的监管习惯，更不能在互联网金融风险整治失灵的情况下依然采用原有的治理思路，否则会带来久整而不治的恶果。

【小结】

互联网金融的监管力度是监管部门面临的难题。如果监管力度过小，则不能有效控制风险；如果监管力度过大，则会抑制互联网金融创新与技术进步。实践中，地方政府金融管理部门多从地方利益或者地域利益出发，选择性地配合中央金融政策，导致中央政策落实不到位，削弱了国家监管政策的权威性，还导致了监管套利或者寻租行为的发生。由于互联网

---

① 周学东：《央地金融监管职责的边界与协调》，载《上海证券报》2015 年 3 月 24 日。

② 这里的"714 高炮"指的是期限为 7 天或者 14 天的高利息网络贷款，以 7 天期为主，利息年化一般超过 300%；所谓"55 超级高炮"是指借款 1000 元，到手 500 元，5 天后要还 1200 元。

③ 李延霞：《全国网络借贷等互联网金融领域风险持续收敛》，中国政府网，2020 年 4 月 24 日。

金融转移成本较低，许多客户与资金会向监管力度宽松的地区迁移，如果某些地区倾向于保护本地区的互联网金融产业，则会损失社会资源，降低整体社会福利水平，出现互联网金融产业的不正当竞争问题，致使合理配置有限资源趋向不合理，会给互联网金融风险整治政策落实带来障碍。2017 年的《政府工作报告》提出"要高度警惕累积风险、筑牢金融风险防火墙"。这种对互联网金融风险的"高度警惕"与国家在互联网金融领域开展的一系列监管与整治活动的政策保持一致。互联网金融行业经过整改，虽然整体环境和风险水平趋好，但整个行业仍处于风险高发期。2018 年的《政府工作报告》再次强调，"健全对影子银行、互联网金融、金融控股公司等监管，进一步完善金融监管"。2018 年 7 月 2 日，国务院金融稳定发展委员会成立并召开会议，研究部署打好防范化解重大风险攻坚战等工作。其主要议题为：一是听取了网络借贷行业风险专项整治工作进展情况；二是听取了防范化解上市公司股票质押风险情况的汇报；三是研究了深化资本市场改革的有关举措。同时要求应做好网贷风险应对工作，要进一步明确中央和地方、各部门间的分工和责任，共同配合做好工作。要深入摸清网贷平台和风险分布状况，区分不同情况，分类施策、务求实效。要抓紧研究制定必要的标准，加快互联网金融长效监管机制建设。互联网金融长效监管机制建设并非排斥或者消除互联网金融，而是要通过建立长效监管机制来发挥互联网技术在提高金融资源配置效率和金融服务普惠性等方面的积极作用。

整治互联网金融风险政策的制定，不仅需要根据业态不同进行分类，还应当对互联网金融发展过程中哪些是互联网金融固有的风险，哪些是互联网金融创新带来的无法控制的风险，特别是哪些是制度风险和哪些是非制度风险进行科学界分，同时还需要研究哪些是现实的风险以及哪些是潜在的风险，做到风险分层、分级以及分段，并根据风险敞口以及等级建构层级不同的政策和法律法规体系。由于互联网金融监管的不确定性，给互联网金融风险治理带来了难度。一方面，互联网金融监管法规和政策无法跟上金融产品的创新速度，相应的监管要求不稳定和明确。另一方面，互联网金融行业创新主力多是初创公司，缺乏金融合规经验，[①] 需要适当放松对创新互联网金融企业的监管约束，进而激发互联网金融的创新活力。[②] 2019 年，互联网金融风险专项整治工作领导小组办公室、P2P 网贷风险专项整治工作领导小组办公室联合发布《关于做好网贷机构分类处置和风险防范工作的意见》，除关停或者出清外，还积极引导符合条件的网贷 P2P 机构转型为网络小贷公司、助贷机构或者为持牌资产管理机构导流，但因转型的成本较高和周期较长，导致实践中能够转型的甚少，从而折射出政策对转型成本考虑不细的问题。如果没有法律的制度根基，就无法真正建立、发展一个完善的金融市场。互联网金融的创新与发展，同样离不开完善的法律法规。[③]

---

① 徐文德、殷文哲：《英国金融行为监管局"监管沙箱"主要内容及对互联网金融的启示》，载《海南金融》2016 年第 11 期；殷航、吴烨：《英国"监管沙箱"在金融监管中的运用及启示》，载《金融纵横》2016 年第 11 期。

② 英国金融行为监管局对金融科技实行了"监管沙箱"；澳大利亚政府也推出了金融科技监管沙箱；2016 年 6 月 6 日，新加坡也发布了《金融科技监管沙箱指南》的征求意见稿；2019 年，韩国还出台了有关网贷 P2P 的监管法。对此问题，我国应当加强研究与探索。

③ 何剑锋：《互联网金融监管研究》，法律出版社 2019 年版，第 209 页。

第五章

互联网金融定位及风险治理审视

互联网金融不仅可以使资金从闲置的状态流向高效率使用的状态，从而实现金融资源的高效配置和普惠性，也为金融创新与改变传统金融观念提供了动力，但也会带来一些金融风险与社会问题，甚至出现了资本在金融体系中不断流转而未流入实体经济的空转式虚拟经济现象。互联网金融的风险需要控制，其带来的社会问题也需要整治。金融需要支持实体经济，互联网金融作为金融也不例外。在互联网金融发展的一定时期，防控风险是正常的，在特殊时期进行风险整治也是必要的，但风险整治不可能根绝风险，也要防止在风险专项整治中再衍生出整治本身带来的新风险。这就需要对我国治理互联网金融风险的策略和做法进行必要的省察和反思，以期为互联网金融未来出现问题的治理提供经验。

第一节 网贷（P2P）风险专项整治的省察

"2015 指导意见"将网贷（P2P）机构作为信息中介而非信用中介，将其纳入银监会的监管范围，这在一定程度上承认了它的金融功能性质，但因去担保、去增信的政策又使其在治理中遇到了一些新的问题。这些新问题与其性质定位有关，因为政策和法规是基于其性质而确定其合规合法的经营模式的。那么，如何定性网贷（P2P）便成为理论、政策制定以及实践执行关注的问题。对网贷（P2P）定性存在不同的观点。有论者认为，网贷（P2P）平台利用大数据等先进手段，识别客户风险，实现普惠金融，替代传统信贷，平台数量会越来越多，有颠覆传统金融的可能。也有人认为，网贷（P2P）平台的资金成本和风险控制成本都远远高于传统金融机构，严格按照信息中介运营，盈利模式不可持续，99% 的网贷（P2P）平台将会退出。还有人认为，如果对网贷（P2P）像第三方支付那样发放牌照并对这些指标进行管理，那么对于大多数互联网金融创业者来说，仅注册资本这一项就是一道无法逾越的天堑，在运营上，存款保险制度尚未推出，网贷（P2P）又如何与有国家信用隐性担保的银行竞争？在无法竞争时必然会铤而走险。然而，实践中的网贷（P2P）却很难成为完全的信息中介。信息中介就是为资金供需双方提供信息，解决信息不对称问题。① 信用中介是金融中介机构在资金融通过程中，以自身作为信用的担保，保证出资人的本金和利息安全，承担起控制贷款风险的职责。更有观点认为，如果网贷（P2P）机构完全脱离信用中介职能，仅仅作为承担信息中介职能的纯粹中介机构，成为专注信息撮合的服务机构，在我国很难行得通。我国政策上将网贷（P2P）机构定位为信息中介，而实践的做法却是信用中介，以至于有人质疑，"从理论界角度，是否可以将信息中介和信用中介的问题放在一边，把网贷 P2P 机构定义为信用风险管理者?"② 网贷（P2P）的功能是什么以及在运营中需要承担何种责任？网贷（P2P）机构作为信息中介如何解决对信用中介的诉求？这是理论和政策制定者、监管者尚未厘清的问题。实践中，由于融资者资信不透明使网贷（P2P）机构融资的非利息费用高企，大幅推高了网贷（P2P）融资者的实际融资成本。由于投资者收益率较高，再加上借款人的其他融资成本，除了向投资者支付的利息成本，还要承担平台费、管理费、担保费等非利息费用。网贷（P2P）机构还不能通过信息技术的充分利用实现有效的风险控制，从而降低金融风险及运营成本，而纯信息中介式的网贷（P2P）机构又很难实现盈利，在激烈竞争的背景下网贷（P2P）机构不得不通过各

---

① 盛松成：《如何让 P2P 平台回归其信息中介的本质属性》，中国经济网，http：//views. ce. cn/view/ent/201606/12/t20160612_12719693. shtml，2016 年 6 月 12 日。

② 谢水旺：《P2P 业界 "众言堂"：网贷监管方向性困惑待解》，载《21 世纪经济报道》2015 年 7 月 17 日。

种异化手段规避这些问题。虽然在一定程度上缓解了中小微企业或者个人的融资难问题，融资贵却又成为悬在中小微企业头顶的利剑。尽管法规政策将网贷（P2P）机构界定为信息中介，并要求平台本身不得提供担保、不得搞资金池、不得非法吸收公众资金。但因监管缺乏法律依据，再加上政策上的鼓励，尤其是鼓励和包容互联网金融创新的态度，为我国网贷（P2P）平台的模式多样化创造了宽松的外部环境，在激励与竞争中不断向传统金融服务领域渗透，甚至延伸到非法领域，不断走向偏锋而衍生出异化问题，在风险专项整治政策下不断出现外溢性的异化现象。[1] 这些异化现象主要表现在以下方面。

第一，网贷（P2P）平台的服务目标异化。网贷（P2P）在实践中不断拓展其目标客户范围，出现了服务的目标偏移现象，改变了国外网贷"个人对个人"为主导的业务模式。我国网贷（P2P）机构平台在企业客户的选择上有服务目标上移的倾向，服务目标的上移背离了网贷（P2P）机构定位的初衷。所谓的"普惠金融"或者"消费金融"不断被淡化，主要为被正规金融所排斥的个人提供金融服务，这与服务于小微企业的原则不相一致。究其实质而言，互联网金融走上了追求传统金融所属贵族性的老路，侵蚀了传统金融（主要是银行）的领域，这使网贷（P2P）丧失了其存在的部分意义。

第二，网贷（P2P）平台的产品异化。标准或者理想的网贷（P2P）主要是信用贷款，而实际已涉及各项银行业务的贷款类型，如抵押贷款、股权质押贷款、委托贷款、供应链金融、票据贴现贷款、资产证券化，甚至还包括股票、期货的配资等。因未有明确的监管部门和相应的监管规则，其发展过程中不断突破网贷（P2P）发展的边界，不是直接实现资金需求与供给的匹配，而是将资金的供需人为分割开，所涉及的风险超出了网贷（P2P）平台的承受能力。多数网贷（P2P）平台将自有资金出借给需求方，再将借款需求设计成理财产品出售给放贷人；或者先归集资金再寻找借款对象，使放贷人资金进入平台账户，产生资金池。特别是债权转

---

① 丁杰、马柱：《我国 P2P 网络贷款的模式异化及其风险管控》，载《新金融》2015 年第 9 期。

让模式是平台作为资金中介，以其名义将平台自有资金借给线下借款人，然后将众多债权从时间和金额上进行拆分，打包成各种理财产品转让给真实的资金出让方，从中赚取息差收益。这种将债权拆分和转让，形成无抵押有担保的线下交易模式，通过理财产品的出售等形成资金池，其贷款对象由低收入群体和中小企业演变成任何资金需求方。平台由单纯的供需撮合者的信息中介演变成具备吸储、放贷及理财等诸多银行功能的准金融机构，直接参与资金的借贷过程中，置自身于风险之中，以至于存在较大的经营风险与法律风险。

第三，网贷（P2P）平台风险控制的异化。互联网金融的最大优势在于利用大数据对客户资信进行评估，以快捷和低廉的成本控制风险侵入的门槛。为了降低客户资金风险、打消客户的疑虑，一些平台采取了一些异化的风险控制模式，平台始终处于风险之中，再加上有些担保公司通过网贷平台为自己进行融资，进而给平台及投资者带来高风险，其风险不断推高。

针对上述情况，2017年2月26日，银监会根据国务院2016年10月13日发布的《互联网金融风险专项整治工作实施方案》出台了《P2P网络借贷风险专项整治工作实施方案》，对网贷（P2P）划定了红线。网贷（P2P）机构不得设立资金池，不得发放贷款，不得非法集资，不得自融自保、代替客户承诺保本保息、期限错配、期限拆分、虚假宣传、虚构标的，不得通过虚构、夸大融资项目收益前景等方法误导出借人，除信用信息采集及核实、贷后跟踪、抵质押管理等业务外，不得从事线下营销。未经批准不得从事资产管理、债权或股权转让、高风险证券市场配资等金融业务。网贷（P2P）机构客户资金与自有资金应分账管理，遵循专业化运营原则，严格落实客户资金第三方存管要求，选择符合条件的银行业金融机构作为资金存管机构，保护客户资金安全，不得挪用或占用客户资金。房地产开发企业、房地产中介机构和互联网金融从业机构等未取得相关金融资质，不得利用平台从事房地产金融业务。银监会在2016年上半年全国银行业监督管理工作暨经济金融形势分析（电视电话）会议上又指出，要把防范化解风险放在更加突出的位置，有力维护金融稳定，防范包括流动性风险、交叉金融产品风险、海外合规风险、非法集资风险在内的四大风险，同时严查落实中央宏观政策和监管要求不力的行为；考核激励机制不科学，重发展速度、轻风险内控的行为；违规收费，增加企业融资负担的行为；热衷当通道、做过桥、加链条，资金"脱实向虚"的行为；违规办理票据业务、签订抽屉协议、贷款"三查"执行不力等行为；违规私售飞单和代理销售，误导或诱导购买投资产品的行为；充当资金掮客，参与民间借贷和非法集资的行为；操作风险管控不力，有章不循、违规操作的行为；内外勾结、违法犯罪的行为；瞒报或迟报重大风险案件、对相关责任人查处问责不力的行为等"十大行为"。在 2016 年下半年工作会议上却要求，继续稳妥开展网贷（P2P）风险专项整治工作，对该领域的监管重点做好"四看"，以识别判断不规范网贷（P2P）机构中介：一看机构性质，是否坚持了信息中介定位；二看担保增信，有没有向出借人提供担保或者承诺保本保息高收益；三看资金流向，有没有点对点的资金进入网贷（P2P）机构账户，有没有接受、归集出借人资金形成资金池；四看营销方式，有没有在平台以外向社会不特定对象进行公开宣传，尤其是标榜高额回报的公开推介宣传。这些问题成为网贷（P2P）风险整治的重点。

2017 年 6 月 29 日，中国人民银行等 17 个部门发布的《关于进一步做好互联网金融风险专项整治清理整顿工作的通知》要求，对经现场检查发现存在违法违规问题的从业机构，采取差别化处置措施。其处理措施主要包括以下几点。

第一，网贷（P2P）转型为网络小额贷款公司。网络小贷属于信用中介，不同于定位为信息中介的网贷（P2P），其资金来源也不是公众投资，而是自有资金和机构资金。如果以网络小贷取代网贷（P2P），所有存量网贷（P2P）债权将由新设的网络小贷主体承接。按照网络小贷公司 3~5 倍杠杆的监管，转型网络小贷意味着需要实缴注册资本，这对承接原网贷（P2P）债权关系的网络小贷主体构成了较大的补充足额实缴注册资本金压力。为了转型网络小贷后减少需要追加的实缴资本金，需要压缩存量业务的规模。

第二，网贷（P2P）转型做助贷机构。目前，金融科技企业的发力点主要在助贷上。网贷（P2P）之所以在商业银行体系下能够存活、拥有自身的市场空间，是因为网贷（P2P）与商业银行的客群存在差异，这一客群即使由网贷（P2P）推荐给商业银行，是否能够满足商业银行的风控要求也值得思考。随着多起关于"助贷机构"的投诉举报及其引发的纠纷的多发蔓延态势，部分地方监管部门发出警示。例如，2022年9月6日广西南宁市金融工作办公室"关于慎防'助贷机构'有关风险的提示"提醒：经核实，多家银行金融机构均反馈从未委托所谓"助贷机构"等中介发展贷款客户，"助贷机构"业务的真实性和合法性存疑。"助贷机构"往往违规收集使用个人信息，出问题后群众权益保障难，且直接推高了借款成本，存在较大的风险。特别是部分"助贷机构"在贷款未通过时，以贷款人达不到贷款条件为由不退还相关费用，频繁变更办公地址，损害群众合法权益，其行为涉嫌非法经营或诈骗，请市民提高警惕！

第三，网贷（P2P）转型做引流平台。网贷（P2P）的竞争力在于其存量的线上出借人以及线上出借人的持续获取能力，其对资产端的风险控制还需要将具备一定风险承担能力的出借人转化为金融机构资产管理类产品的投资人。然而，这种投资金额门槛与私募的100万元以及银行理财产品在"理财新规"中的5万元或者降为1万元相比还存在差距。

2019年11月27日，互联网金融风险专项整治工作领导小组办公室、网络借贷风险专项整治领导小组办公室下发的《关于网络借贷信息中介机构转型为小额贷款公司试点的指导意见》为网贷（P2P）转型指明了方向，也为网贷机构转型为小贷公司提供了制度依据。然而，实践中的网贷（P2P）平台无论是转向助贷机构为银行拓展网贷提供导流还是信用中介获取小贷公司或者网络小贷公司、消费金融公司的牌照，均存在困难。特别是2020年7月12日，银保监会发布了《商业银行互联网贷款管理暂行办法》，明确要求商业银行建立健全合作机构准入和退出机制，在内控制度、准入前评估、协议签署、信息披露、持续管理等方面加强管理、压实责任，这对网贷平台向助贷业务转型又是一种新的考验。2020年底，网贷（P2P）全面清退，而转为网络小额贷款公司、消费金融公司的数量微乎其微。[①] 但是，转化为网络小额贷款公司的已不再是其早期准备备案的网贷（P2P），特别是 2021 年 9～10 月，深圳市公安局福田分局陆续发布了《关于"红岭创投""投资宝""红岭资本"的案情通报》《案情通报（二）》《案情通报（三）》。通报称，"红岭系"线下理财项目涉嫌非法集资犯罪活动，警方已查封冻结涉案资产，并将犯罪嫌疑人周世平等 74 人分别以涉嫌集资诈骗罪、非法吸收公众存款罪进行逮捕。[②] 随着成立于 2009 年 3 月的红岭创投的谢幕以及曾被一些业内人士称为"网贷教父"的周世平锒铛入狱，网贷（P2P）从此在我国消亡。网贷（P2P）在我国已经退出历史舞台，但留下的教训是深刻的，付出的代价也是沉重的。

在网贷（P2P）风险整治过程中衍生出了逃废债的现象。这种现象不仅存在债务人设障制造条件怠于偿还到期债务，而且还存在规避信用逃避正常的催债行为。逃废债主体由个人向组织化发展，甚至出现有组织、有预谋和联盟化的团伙行动。例如，有些公司不断设立彼此勾连的关联性公司，借助股东控股或者控制其他公司，通过一个公司倒闭而其他公司开张，或者多公司倒下而一个公司站起来，借助复杂的产权嵌套不断移转资本；或者通过各种貌似合法的产权制度安排，将公司的利益输送到股东或者其他利益相关人。有些人员在网上组成"反催收"联盟，传授反催收"秘笈"或者专门传授利用相关政策进行拖延还款的新招数。[③] 于是，2020 年国务院《政府工作报告》要求"打击恶意逃废债"。对于互联网

---

① 据统计，2020 年 5 月厦门市金融监管局同意两家网贷转型为单一省级区域经营的小额贷款公司即福建禹洲启惠小额贷款股份有限公司和福建海豚金服小额贷款有限公司。2020 年 10 月江西省金融监管局同意江西东方融信科技信息服务有限公司转型为全国经营的小额贷款公司，设立抚州市新浪网络小额贷款有限公司。2020 年 1 月 8 日，杭州金投行金融资产服务有限公司完成名称变更，新名称为杭州金投行网络小额贷款有限公司。

② 参见《涉嫌利用红岭创投等非法集资 1395 亿 周世平等 18 人被起诉》："侦查机关认定：犯罪嫌疑人周世平伙同胡玉芳、项旭等人在 2009 年 3 月至 2021 年 9 月期间，利用'红岭创投''投资宝'网贷平台以及'红岭资本线下理财'项目，通过公开宣传，以保本付息、高额回报为诱饵，向社会不特定公众线上、线下非法集资，集资参与人累计 51.68 万名，非法集资 1395 亿元，造成 11.96 万名集资参与人本金损失 163.88 亿元。所吸收资金被用于还本付息，收购上市公司，买卖证券、期货，投资股权，对外借贷，部分资金被周世平用于购买房产、偿还个人债务等。"参见中国青年网，http://news.youth.cn/jsxw/202204/t20220414_13612755.htm，2022 年 4 月 14 日。

③ 郭华：《金融领域"逃废债"的危害及其治理》，载《检察日报》2020 年 9 月 16 日。

金融风险整治过程中出现的风险需要及时治理。

第二节　第三方支付风险专项治理及反思

国家基于鼓励电子商务的发展对第三方支付采取较为宽松的监管政策，促使第三方支付快速兴起并广泛地运用于电子商务交易。虽然对其实行牌照制度，但并未完全消除其风险。包括主体资格和经营范围的风险、结算和虚拟账户资金利益归属风险、沉淀资金流动性风险、非法转移资金的洗钱风险以及资金套现风险等。随着移动互联网的发展，人们使用移动支付的场景越来越普遍，第三方支付平台又成为犯罪的新领域。

一、第三方支付风险的专项治理政策与观点

我国依托银联建立的第三方支付平台，除少数不直接经手管理往来资金将其存放在专用的账户外，多数均可直接支配交易资金，极易造成资金不受监管甚至越权调用的风险，支付行业无证机构挪用商户结算资金或持卡人预付资金、"跑路"的风险事件时有发生。针对某些第三方支付出现的风险，中国人民银行在 2015 年半年内注销了 3 家第三方支付机构的《支付业务许可证》。中国人民银行发布的《非银行支付机构分类评级管理办法》明确了非银行支付机构分类评级与标准，在支付机构分类监管上结合支付机构的企业资质、风险管控，特别是客户备付金管理等因素，确立支付机构分类监管指标体系，建立持续分类评价工作机制，并对支付机构实施动态分类管理。根据不同评级支付机构的整体情况和风险程度，确定监管重点，实施差异化的监管计划和措施，对支付机构实施动态监管，有效防范互联网支付领域相关风险，保障客户信息安全和资金安全。2017年 1 月 13 日，中国人民银行发布的《关于实施支付机构客户备付金集中存管有关事项的通知》要求，支付机构交存客户备付金执行10% ~ 24%不等的比例，获得多项支付业务许可的支付机构，从高适用交存比例。为防止支付机构以"吃利差"为主要盈利模式，对于非银行支付机构的备

付金账户不计付利息。引导非银行支付机构回归提供小额、快捷、便民小微支付服务的宗旨。

由于备付金利息收入一直是支付机构的主要利润来源，学界对上述政策存在不同看法。有观点认为，从多国的监管实践来看，允许或默许客户备付金利息作为支付机构收入是行业惯例，取消利息收入，必将抬高社会的整体成本，让消费者和小微企业承受日常支付的负担，损害消费者利益并对社会稳定造成影响，诱发风险。也有观点认为，对消费者而言，取消备付金利息并不会增加成本，因现在第三方支付机构竞争激烈，不会把成本加在消费者身上。实际上，对于经营状况良好、规模较大的支付机构来说，利息只占机构总收入较小的一部分，利息减少并不会带来致命打击或严重冲击。但对经营状况不佳、规模较小的支付机构，特别是利息收入占据整个机构大部分现金流的，影响较大。还有观点认为，支付机构对于客户备付金的使用已经异化，偏离了监管部门批准其开办业务的初衷，需要通过改革监管制度，引导其回归支付本源。[1] 2017 年，中国人民银行上海分行披露的行政处罚信息显示，支付宝因违反支付业务规定被要求限期改正，并处以罚款人民币 3 万元。中国人民银行深圳市中心支行行政处罚显示，财付通因未严格落实《非银行支付机构网络支付业务管理办法》相关规定，被处以人民币 3 万元罚款。[2] 2018 年 6 月 29 日，央行发布的《中国人民银行办公厅关于支付机构客户备付金全部集中交存有关事宜的通知》指出，自 2018 年 7 月 9 日起，按月逐步提高支付机构客户备付金集中交存比例，到 2019 年 1 月 14 日实现 100% 集中交存。这一要求在一定程度上减少了备付金利息收入，但对依存度比较高的预付卡类支付机构造成了较大的经营压力。

随着互联网金融的迅猛发展，支付结算方式发生了较大变化，非法从事资金支付结算业务的活动增多，有些不法分子通过设立空壳公司，采取

---

① 崔启斌、刘双霞：《两会热议第三方支付备付金新规：该取消利息吗》，载《北京商报》2017 年 3 月 7 日。

② 吴梦姗、陈颖：《支付宝财付通首吃央行 3 万元罚单 实名制上栽跟头》，载《南方都市报》2017 年 5 月 11 日。

网银转账等方式协助他人将对公账户非法转移到对私账户、套取现金等进行非法支付结算。有的不法分子购得多家可使用"蚂蚁花呗"支付的淘宝店铺，意图套现用户点击相应链接购买商品，并申请由"蚂蚁花呗"代为支付，用户在无真实商品交易的情况下点击确认收货并随即申请退货，行为人扣除手续费后将剩余款项转入套现用户的支付宝账户，从而完成套现。行为人通过网购平台套取贷记卡资金的行为就属于"非法从事资金支付结算业务"。[1] 主要表现在以下方面。

一是备付金挪用、反洗钱、信息保护、不正当竞争等方面的风险问题。央行报告显示，2014年8月，浙江易士企业管理服务有限公司发生挪用客户备付金事件，涉及资金5420.38万元；2014年9月，广东益民旅游休闲服务有限公司"加油金"业务涉嫌非法吸收公众存款，造成资金风险敞口达6亿元；2014年12月，上海畅购企业服务有限公司发生挪用客户备付金事件，造成资金风险敞口达7.8亿元，涉及持卡人5.14万人。[2] 2018年上半年共有33家支付机构收到38张罚单，累计罚款金额超过4500万元。[3] 针对备付金挪用问题，2017年1月13日，中国人民银行发布的《关于实施支付机构客户备付金集中存管有关事项的通知》要求：自2017年4月17日起，支付机构应将客户备付金按照一定比例交存至指定机构专用存款账户，且该账户资金暂不计付利息，旨在从根本上杜绝资金挪用或非法占用的可能性。反洗钱、用户实名制认定、用户信息保护、数据使用等方面依然是潜在的风险高发区。2010年，中国人民银行颁布了《非金融机构支付服务管理办法》；2013年6月7日，中国人民银行颁布了《支付机构客户备付金存管办法》，该办法规定，支付机构为办理客户委托的支付业务而实际收到的预收代付货币资金属于客户备付金，客户备付金只能用于客户委托的支付业务和《支付机构客户备付金存管办法》

---

[1] 姜永义、陈学勇、陈新旺：《〈关于办理非法从事资金支付结算业务、非法买卖外汇刑事案件适用法律若干问题的解释〉的理解与适用》，载《人民法院报》2020年2月27日。

[2] 王观：《解读客户备付金集中存管政策：消费者资金更安全》，载《人民日报》2017年1月17日。

[3] 李冰：《第三方支付违规遭重拳打击 千万元规模级罚单再次惊现》，载《证券日报》2018年8月4日。

规定的情形。任何单位和个人不得擅自挪用、占用、借用客户备付金以及以客户备付金为他人提供担保。支付机构接收的客户备付金，必须全额缴存至支付机构客户备付金专用存款账户。在满足办理日常支付业务需要后，可以单位定期存款、单位通知存款、协定存款等非活期存款形式存放。同时，支付机构应当按季从客户备付金利息中计提风险准备金，用于弥补客户备付金相关损失。2013 年 7 月，中国人民银行发布了《银行卡收单业务管理办法》。中国人民银行于 2014 年又下发了《支付机构网络支付业务管理办法》及《手机支付业务发展指导意见》，并规定：个人支付账户转账单笔金额不得超过 1000 元，同一客户所有支付账户转账年累计金额不得超过 1 万元；个人支付账户单笔消费金额不得超过 5000 元，同一个人客户所有支付账户消费月累计金额不得超过 1 万元，超过限额的，应通过银行账户办理。

二是银行卡收单涉及套码、切机、二清等风险问题。所谓套码，是指违规套用低费率行业的商户类别码（MCC），基于不同商户对应不同的收单费率，人为将高费率商户类别调整为低费率类别，是收单业务最为普遍的违规行为之一。不同 MCC 码代表不同行业，刷卡手续费率不同。因套码的盛行会为切机提供土壤，即一些收单机构以升级 POS 机的名义强行把其他收单机构的商户变更为自己的商户，在切机的过程中实施套码行为，降低商户费率取得商户的配合。所谓"二清"，是指为支付机构与商户之间的第三方代理商，本来交易资金是直接清算给商户的，在这种模式下，交易资金先清算给代理商（即二清），然后再清算给这个商户。很多情况下，二清还会向下发展出三清、四清甚至五清，使得交易环节一环套一环，交易资金层层转递，交易背景错综复杂。[①] 如果二清机构（或三清、四清）出现资金周转困难、债务纠纷，甚至卷款跑路等，商户资金很难保障；如果外包管理不到位，极易违反反洗钱规定，出现洗钱问题。

三是第三方支付在回归专业领域的同时，不断突破商品交易服务，走向了金融产品的买卖，如销售基金。有些机构铤而走险博取非法利益，进

---

① 岳品瑜：《央行高压整治"二清" 易宝支付被罚没 5296 万》，载《北京商报》2016 年 8 月 19 日。

而损害消费者权益。第三方支付直连银行的模式存在风险，实践中违规操作情况屡屡出现，特别是支付机构在多家银行分别开立多个账户存放备付金。由于大量的账户分散存放，又给客户备付金带来多重风险。第三方支付采用的"三方模式"绕开了第三方清算机构，带来了支付信息分散化和备付金分散存管等问题，在实践中衍生出了一系列违规风险。还有一些支付机构违规占用客户备付金用于购买理财产品或其他高风险投资。

二、第三方支付的风险及风险整治的审视与反思

第三方支付基于不同业态的风险点既有共性问题，也有个性问题。共性问题主要包括备付金挪用、反洗钱、信息保护、不正当竞争等方面。个性问题主要包括互联网支付领域易遭受欺诈风险，银行卡收单涉及套码、切机和二清等问题。然而，在互联网金融风险整治过程中，政策要求非银行支付机构不得挪用、占用客户备付金，客户备付金账户应开立在人民银行或符合要求的商业银行。人民银行或商业银行不向非银行支付机构备付金账户计付利息，防止支付机构以"吃利差"为主要盈利模式，理顺支付机构业务发展激励机制，引导非银行支付机构回归提供小额、快捷、便民小微支付服务的宗旨。非银行支付机构不得连接多家银行系统，变相开展跨行清算业务。非银行支付机构开展跨行支付业务应通过人民银行跨行清算系统或者具有合法资质的清算机构进行。开展支付业务的机构应依法取得相应业务资质，不得无证经营支付业务、开展商户资金结算、个人POS机收付款、发行多用途预付卡、网络支付等业务。第三方支付机构在面临外部竞争和内部竞争以及监管层整治时，应如何转型？目前，监管对NFC支付、二维码支付、声波支付、光线支付等基于手机端的各种新型移动支付未触及，给行业创新提供了发展空间。[1] 在第三方支付风险整治过程中，实践中又出现了所谓第四方支付机构，即"聚合支付"或者"一码支付"。

面对上述问题，2017年1月22日，中国人民银行发布了《关于开展

---

[1] 闫瑾、岳品瑜：《第三方支付行业腹背受敌 公共领域自建支付通道》，载《北京商报》2016年5月9日。

违规"聚合支付"服务清理整治工作的通知》。2017年2月20日，中国人民银行发布了《关于持续提升收单服务水平规范和促进收单服务市场发展的指导意见》。2019年1月31日，最高人民法院、最高人民检察院发布了《关于办理非法从事资金支付结算业务、非法买卖外汇刑事案件适用法律若干问题的解释》。2019年3月23日，中国人民银行发布的《关于进一步加强支付结算管理防范电信网络新型违法犯罪有关事项通知》指出，不得直接或变相为互联网赌博、色情平台，互联网销售彩票平台，非法外汇、贵金属投资交易平台，非法证券期货类交易平台，代币发行融资及虚拟货币交易平台等非法交易提供支付结算服务。尽管第四方支付机构的风险早已引起了有关部门的关注，但因第四方支付机构以"合法"面目出现，通过层层伪装依然能够逃避监管，并成为网络黑灰产业青睐的"绿色通道"。由于第三方支付平台受到严格监管，非法网站无法直接接入，一些非法第四方支付机构却应运而生，并通过大量购买空壳公司或利用员工个人信息注册大量的第三方支付账号，通过技术手段搭建平台，聚合这些账号收取客户资金，为黑灰产业犯罪提供资金结算，致使黑灰产业在资金结算方面更加便捷，规模不断扩大，资金流加速流动。因其与上下游各种犯罪团伙分工明确，致使犯罪分工越来越细化，链条环节增多、隐蔽性增强，对电信网络诈骗等新型犯罪提供了支持，第三方支付正常秩序受到破坏。2019年，最高人民法院、最高人民检察院发布的《关于办理非法从事资金支付结算业务、非法买卖外汇刑事案件适用法律若干问题的解释》规定，对使用受理终端或者网络支付接口等方法，以虚构交易、虚开价格、交易退款等非法方式向指定付款方支付货币资金的，按照"非法从事资金支付结算业务"处置。我国《刑法修正案（九）》也增设帮助信息网络犯罪活动罪，针对明知他人利用信息网络实施犯罪，为其犯罪提供互联网接入、服务器托管、网络存储、通讯传输等技术支持，或者提供广告推广、支付结算等帮助的行为独立入罪，为公安机关打击办理此类案件提供了有力支撑。2020年，公安机关打掉为赌博平台提供服务的非法支付结算平台高达1960个，其中，多数非法支付结算平台涉案资金都达数亿元甚至数十亿元以上。查处这些案件中，公安机关发现利用跑分方式为下游犯罪转移资金的非法支付结算团伙，涉案资金更是超 300 亿元。① 这种针对第三方支付行业衍生出来的第四方支付虽然对治理的实践发挥了作用，但以往仅仅关注非法支付结算平台向下游黑产单向转移资金，即为黑产分子"代收"资金帮助其获利的行为，却忽视了下游黑产利用非法支付结算平台对外转移和使用不法资金。其为黑产分子"代付"资金的行为，给这类平台留下了滋生犯罪的空间，况且这种采用刑事打击冲在一线的治理模式，又使得治理措施重蹈刑事惩治的传统思路，这种思路不仅没有坚持刑法的谦抑性，而且行政的源头治理可能被放逐，不符合现代行政执法与刑事司法衔接机制的要求。

第三节 众筹风险专项整治及其规制政策的评价

2014 年 11 月，国务院出台的新版"融十条"中首次提出"开展股权众筹融资试点"。2015 年国务院《政府工作报告》增加了"开展股权众筹融资试点"。2015 年 3 月 31 日，京东金融股权众筹平台上线后，似乎"人人都能做'天使'"的时代已经来临。② 互联网众筹平台不断让普通大众变身为"筹客"，于是出现众筹变传销的风险事件。2015 年 8 月 3 日，中国证监会发布了《关于对通过互联网开展股权融资活动的机构进行专项检查的通知》。该通知要求各证监局对通过互联网开展股权融资中介活动的机构平台进行专项检查，同时致函各地政府积极配合专项检查工作。其检查对象包括以"私募股权众筹""股权众筹""众筹"等名义开展股权

---

① 需要说明的是，跑分"代收"是以往在支付领域常用来专指利用自己持有的收款码，为别人进行代收款赚取佣金的行为。而跑分"代付"与跑分"代收"的手法类似，但资金走向却截然相反。主要有两种类型：一是将非法收入混杂在正常的用户收款行为中，瞒天过海牟取暴利；二是将黑产资金隐藏在正常的用户付款行为中，浑水摸鱼机关暗设。在支付结算的资金流动链条中，黑产团伙不仅可能充当收款方，也可能是付款方，即资金也存在对外的反向流动，由黑产团伙账户经非法支付结算平台流向外界。

② 叶丹：《互联网巨头试水股权众筹 "人人当天使"靠谱吗？》，载《南方日报》2015 年 4 月 10 日。

融资活动的平台。检查的内容主要包括四个方面：平台上的融资者是否进行公开宣传，是否向不特定对象发行证券，股东人数是否累计超过200人，是否以股权众筹名义募集私募股权投资。股权众筹业务专项整治的重点为：（1）股权众筹平台不得发布虚假标的，不得自筹，不得"明股实债"或变相乱集资，应强化对融资者、股权众筹平台的信息披露义务和股东权益保护要求，不得进行虚假陈述和误导性宣传。（2）股权众筹平台未经批准不得从事资产管理、债权或股权转让、高风险证券市场配资等金融业务。股权众筹平台客户资金与自有资金应分账管理，遵循专业化运营原则，严格落实客户资金第三方存管要求，选择符合条件的银行业金融机构作为资金存管机构，保护客户资金安全，不得挪用或占用客户资金。（3）房地产开发企业、房地产中介机构和互联网金融从业机构等未取得相关金融资质，不得利用股权众筹平台从事房地产金融业务；取得相关金融资质的，不得违规开展房地产金融相关业务。从事房地产金融业务的企业应遵守宏观调控政策和房地产金融管理相关规定。规范互联网"众筹买房"等行为，严禁各类机构开展"首付贷"性质的业务。

2016年4月14日，证监会等15个部委发布的《股权众筹风险专项整治工作实施方案》要求，股权众筹风险专项整治工作由证监会牵头制定方案，成立相关工作领导小组，各省级人民政府按照整治方案要求，组织开展本地区专项整治，建立风险事件应急制度和处理预案。在风险整治过程中却出现了"实股明债"和"营销传销化"问题。所谓的"实股明债"，是将债权产品包装成"股权概念"进行营销。也就是说，有一些股权众筹项目是把网贷（P2P）与股权众筹项目结合在一起的，好像是股，却又承诺到期偿还本金，保证收益，投资者好像是投股权，实际上投的是债权，这种操作方法是对投资者的严重误导，或已涉嫌违规，尚未大面积曝出虚假项目，各类打着股权等名号的资金传销似已泛滥成灾，虚报领投机构、虚假投资金额、将风险转嫁给散户投资人等现象已初现端倪。[①] 互联网股权众筹风险治理的效果不佳。

---

① 朱凯：《互联网股权融资平台存五大乱象》，载《证券时报》2016年5月4日。

对我国互联网金融的众筹而言，从狂热转入冷静并渐自走向萧条，众筹在我国缺乏赖以生存的法律土壤，投融资双方因信息不对称极易导致项目风险以及资金欺诈等风险，甚至引发了投资者权益保护等问题。有必要将众筹融资与私募股权投资予以区分，借鉴美国《JOBS 法案》对符合特定条件的众筹融资予以注册豁免的做法，给予股权众筹合法发展机会，在重投资者权益保护基础上，采取简易信息披露、限制投资额度等做法，平衡小微企业融资便利性和投资者权益保护之间的关系，推进我国众筹行业在多层次的资本市场中的有序发展。

第四节　虚拟货币的专项治理及政策的思考

虚拟货币伴随数字时代应运而生，因其使用加密技术及分布式账户或类似技术、以数字化形式存在等体现出获取途径方便、优化资源配置、联合生产要素、激活储蓄功能并补充宏观调控手段等特点，基于区块链技术的数字加密虚拟货币备受关注。这种货币是一种点对点交易形式的数字货币，是以区块链技术为支撑，去中心化的支付系统，不依靠特定货币机构发行，依据计算机运算一组方程式开源代码，通过计算机的大量运算处理产生，实施点对点交易的数字货币。但因不属于货币当局发行，而不具有与法定货币等同的法律地位，尤其是不具有法偿性，不能作为货币在市场上流通使用。随着数字经济的繁荣，因虚拟货币具有持久、便捷、安全、匿名等方面的优势而被不法分子盯上，并由此延伸出利用虚拟货币概念进行非法集资、电信诈骗等新型违法犯罪。由于虚拟货币炒作交易扰乱我国正常金融秩序，催生违法犯罪活动，成为洗钱、逃税、恐怖融资和跨境资金转移的通道，威胁了社会稳定和国家安全，以至于被金融监管部门排查整治。这种排查整治不仅涉及提供虚拟货币交易服务或开设虚拟货币交易场所、为境外虚拟货币交易场所提供服务通道的活动，还包括引流、代理买卖等服务，以各种名义发售代币，向投资者筹集资金或比特币等虚拟货币等违规行为。

一、我国整治虚拟货币政策及其变化历史

我国对虚拟货币的整治源于部委对网络游戏币的规范。2007 年 2 月 15 日，文化部、国家工商总局、中国人民银行、公安部等 14 个部门联合印发了《关于进一步加强网吧及网络游戏管理工作的通知》。该通知规定了对虚拟货币管理的基本制度，明确了中国人民银行的监管职能，并要求严格限制网络游戏经营单位发行虚拟货币的总量以及单个网络游戏消费者的购买额；严格区分虚拟交易和电子商务的实物交易，网络游戏经营单位发行的虚拟货币不能用于购买实物产品，只能用于购买自身提供的网络游戏等虚拟产品和服务；消费者如需将虚拟货币赎回为法定货币，其金额不得超过原购买金额；严禁倒卖虚拟货币。2008 年 10 月 29 日，国家税务总局对北京市地税局《关于个人通过网络买卖虚拟货币取得的收入将征收个人所得税的请示》作出批复：个人通过网络收购玩家的虚拟货币，加价后向他人出售取得的收入，属于个人所得税应税所得，应按照"财产转让所得"项目计算缴纳个人所得税。个人销售虚拟货币的财产原值为其收购网络虚拟货币所支付的价款和相关税费。2009 年 6 月 4 日，文化部、商务部发布了《关于改进和加强网络游戏内容管理工作的通知》。该通知要求重点查处"向未成年人提供虚拟货币交易、在用户直接或变相投入现金或网络游戏虚拟货币的前提下，采取随机抽取等偶然方式使用户获取游戏产品和服务"的行为，防止虚拟货币金融秩序的影响与冲击。以上的"两通知"和"一批复"构成了最初的所谓"虚拟货币"的监管机制。

我国对比特币（Bitcoin）的规范化治理肇起于 2013 年 12 月 5 日，中国人民银行、工业和信息化部、中国银行业监督管理委员会、中国证券监督管理委员会、中国保险监督管理委员会发布了《关于防范比特币风险的通知》。该通知要求：各金融机构和支付机构不得以比特币为产品或服务定价，不得买卖或作为中央对手买卖比特币，不得承保与比特币相关的保险业务或将比特币纳入保险责任范围，不得直接或间接为客户提供其他与比特币相关的服务，包括：为客户提供比特币登记、交易、清算、结算等服务；接受比特币或以比特币作为支付结算工具；开展比特币与人民币及

外币的兑换服务；开展比特币的储存、托管、抵押等业务；发行与比特币相关的金融产品；将比特币作为信托、基金等投资的投资标的等。比特币作为没有集中发行方、总量有限、使用不受地域限制和匿名性等主要特点的虚拟货币在国际上引起了广泛关注，而我国国内有一些机构和个人借机炒作比特币及其相关的产品。然而，该通知不仅仅表明比特币是一种特定的虚拟商品，不具有与货币等同的法律地位，不能且不应作为货币在市场上流通使用，更为重要的是要求各金融机构和支付机构不得开展与比特币相关的业务，积极引导社会公众树立正确的货币观念和投资理念。对于普通民众而言，在自担风险的前提下不排斥其自由参与，但要注意防范风险。

随着国内首次公开代币（Initial Coin Offerings，ICO）融资活动的大量出现，投机炒作行为频发并呈现强势的趋势，出现了涉嫌非法金融业务活动。2017 年 9 月 2 日，互联网金融风险专项整治工作领导小组办公室向各省市金融办（局）发布的《关于对代币发行融资开展清理整顿工作的通知》认为，ICO 本质上属于未经批准的非法公开融资，涉嫌非法集资、非法发行证券、非法发售代币募集，以及涉及金融诈骗、传销等违法犯罪活动，严重扰乱了经济金融秩序。2017 年 9 月 4 日，中国人民银行、中央网信办、工业和信息化部等部门发布了《关于防范代币发行融资风险的公告》。该公告强调，代币发行融资涉嫌非法发售代币票券、非法发行证券以及非法集资、金融诈骗、传销等违法犯罪活动，要充分发挥行业组织的自律作用，各类金融行业组织应当做好政策解读，督促会员单位自觉抵制与代币发行融资交易及虚拟货币相关的非法金融活动，远离市场乱象，加强投资者教育，共同维护正常的金融秩序。金融机构和非银行支付机构不得直接或间接为代币发行融资和虚拟货币提供账户开立、登记、交易、清算、结算等产品或服务。该公告不仅重复了《关于防范比特币风险的通知》不得开展与比特币相关的业务，还更为具体地强调不得直接或间接为代币发行融资和虚拟货币提供账户开立、登记、交易、清算、结算等产品或服务，禁止账户用于比特币等虚拟货币的交易，旨在防范洗钱风险，维护金融市场稳定。

该公告发布后，国内虚拟货币交易所都已经将服务器迁址到境外，如国外的直布罗陀。虚拟货币交易主要在境外，大量的虚拟货币交易通过境外银行账户进行。但基于虚拟货币的挖矿活动在我国依然严重。2017 年，内蒙古互联网金融风险专项整治工作领导小组办公室印发了《关于引导我区虚拟货币"挖矿"企业有序退出的通知》。该通知按照全国金融工作会议要求和互联网金融风险专项整治工作领导小组重点地区金融办主任整治工作座谈会精神，限制偏离实体经济需要、规避监管的"创新"。虚拟货币"挖矿"产业属于与实体经济无关的伪金融创新，应不予以支持。并要求多措并举，综合采取电价、土地、税收和环保等措施，引导相关"挖矿"企业有序退出，鼓励转型到国家支持类的云计算产业中。2017 年 11 月 20 日，专项整治工作领导小组召开了重点地区金融办主任整治工作座谈会，就虚拟货币"挖矿"场外交易和"出海"以及互联网外汇风险整治等事宜进行部署。一是对于注册在当地的"场外"集中虚拟货币交易场所（包括采取所谓"出海"形式继续为国内用户提供虚拟货币投机炒作服务的网站平台）、为集中交易提供担保和清结算服务的所谓"钱包"服务商、以群主或管理员名义为集中交易提供做市商服务的个人或机构，要求各地整治办落实属地责任和开展金融活动必须持牌经营的要求。二是对于上述国内"场外"集中虚拟货币交易的网站平台，或是为国内用户提供虚拟货币集中交易服务的境外网站平台，要求由全国整治办、各地整治办提请网信部门和工信部门按职责分工依法屏蔽其网站平台和关闭移动 App。三是对于为"出海""场外"平台提供支付服务的，要求人民银行支付司督促支付机构按照支付机构不得为虚拟货币交易提供支付服务的规定自查整改，严惩违反要求的支付机构。四是对于涉及资金出入境的相关"出海"平台，要求外汇局按有关外汇管理规定进行查处。

　　国家发改委在 2019 年《产业结构调整指导目录（征求意见稿）》中将"虚拟货币挖矿"列为淘汰类产业。但正式发布的《产业结构调整指导目录（2019 年）》却将"虚拟货币挖矿"从限制类中删除，这似乎表明"挖矿"不再被国家发改委界定为"淘汰产业"。然而，2020 年 10 月的《人民银行法（修订草案征求意见稿）》第 22 条规定：任何单位和个人不得制作、发售代币票券和数字代币，以代替人民币在市场上流通。2021 年再次对虚拟货币进行从严治理。2021 年 2 月 25 日，内蒙古自治区发展和改革委员会发布的《关于确保完成"十四五"能耗双控目标任务若干保障措施（征求意见稿）》要求，全面清理关停虚拟货币挖矿项目，2021 年 4 月底前全部退出，并特别提及严禁新建虚拟货币挖矿项目。2021 年 5 月 18 日，内蒙古自治区发展和改革委员会发布了《关于设立虚拟货币"挖矿"企业举报平台的公告》，宣布为深入贯彻落实《内蒙古自治区关于确保完成"十四五"能耗双控目标任务若干保障措施》部署要求，全面清理关停虚拟货币"挖矿"项目，充分发挥群众监督保障作用，全面受理关于虚拟货币"挖矿"企业问题信访举报。随后，5 月 25 日内蒙古又发布了《关于坚决打击惩戒虚拟货币"挖矿"行为八项措施（征求意见稿）》，进一步明确了对虚拟货币"挖矿"行为的打击和惩罚措施。这种强监管看上去仅仅是内蒙古对"挖矿"明确禁止，却预示了全国对虚拟货币的严厉监管和重拳打击拉开了大幕。

由于虚拟货币价格暴涨暴跌，虚拟货币交易炒作活动有所反弹，严重侵害人民群众财产安全，扰乱经济金融正常秩序。2021 年 5 月 18 日，中国互联网金融协会、中国银行业协会、中国支付清算协会联合发布了《关于防范虚拟货币交易炒作风险的公告》，该公告认为，虚拟货币是一种特定的虚拟商品，不由货币当局发行，不具有法偿性与强制性等货币属性，不是真正的货币，不应且不能作为货币在市场上流通使用。开展法定货币与虚拟货币兑换及虚拟货币之间的兑换业务、作为中央对手方买卖虚拟货币、为虚拟货币交易提供信息中介和定价服务、代币发行融资以及虚拟货币衍生品交易等相关交易活动，违反有关法律法规，并涉嫌非法集资、非法发行证券、非法发售代币票券等犯罪活动。2021 年 5 月 21 日，国务院金融稳定发展委员会召开了第五十一次会议，会议强调坚决防控金融风险，坚决打击比特币挖矿和交易行为，坚决防范个体风险向社会领域传递。这是从国务院层面首次对比特币挖矿与交易提出打击。2021 年 9 月 24 日，中国人民银行等 10 部委发布了《关于进一步防范和处置虚拟货币交易炒作风险的通知》。该通知着重强调具有非货币当局发行、使用加密技术、分布式账户或类似技术、以数字化形式存在等特点的虚拟货币，如比特币、以太币等，包括泰达币等所谓稳定币，均不具有与法定货币等同的法律地位，不能作为货币在市场上流通。虚拟货币兑换、作为中央对手方买卖虚拟货币、为虚拟货币交易提供撮合服务、代币发行融资以及虚拟货币衍生品交易等虚拟货币相关业务全部属于非法金融活动，一律严格禁止，坚决依法取缔；境外虚拟货币交易所通过互联网向我国境内居民提供服务同样属于非法金融活动。措辞十分严厉，规范的范围也比之前的文件有所扩大，不仅仅涉及 ICO 和法币交易业务，开设交易场所、提供信息中介、技术支持等行为也几乎被监管部门全盘否决。该通知不仅要求建立协调机制，整体统筹和推动构建多维度、多层次的虚拟货币交易炒作风险防范和处置体系，还以最高人民法院、最高人民检察院、公安部作为发文主体，表明监管层对于虚拟货币交易炒作的高压措施和态势的进一步升级，也标志着对于虚拟货币的高压监管态势从行政领域步入司法领域，刑事打击色彩更加浓厚。2021 年 9 月 3 日，国家发改委、财政部、中国人民银行、国家税务总局、银保监会等 11 部门发布了《关于整治虚拟货币"挖矿"活动的通知》，该通知强调了将虚拟货币"挖矿"活动列为淘汰类产业，并将之前一直处于灰色地带的利用数据中心名义开展虚拟货币"挖矿"活动列入了打击对象。同时区分"挖矿"与区块链、大数据、云计算等产业界限，禁止以发展数字经济、战略性新兴产业等名义宣传、扩大虚拟货币"挖矿"项目，引导相关企业发展资源消耗低、附加价值高的高技术产业。2021 年 9 月 15 日，中国人民银行等 10 个部门发布了《关于进一步防范和处置虚拟货币交易炒作风险的通知》。

上述一系列的政策规定和实践做法，是对党中央、国务院作出的重要决策部署的落实，旨在构建中央统筹、属地实施、条块结合、共同负责的长效工作机制。其工作措施为：一是建立部门协同、央地联动的常态化工作机制。中央层面，中国人民银行、中央网信办、公安部等 10 部门建立协调机制，整体统筹和推动工作落实；地方层面，各省级人民政府落实属地风险处置责任，依法取缔打击本辖区虚拟货币相关非法金融活动。二是加强对虚拟货币交易炒作风险的监测预警。中国人民银行、中央网信办完善虚拟货币监测技术平台功能，提高识别发现虚拟货币交易炒作活动的精度和效率。金融机构和非银行支付机构加强对涉虚拟货币交易资金的监测工作。各部门、各地区加强线上监控、线下摸排、资金监测的有效衔接，建立信息共享和交叉验证机制。三是构建多维度、多层次的虚拟货币交易炒作风险防范和处置体系。金融管理部门、网信部门、电信主管部门、公安部门、市场监管部门密切协作，从切断支付渠道、依法处置相关网站和移动应用程序、加强相关市场主体登记和广告管理、依法打击相关非法金融活动等违法犯罪行为等方面综合施策，有关行业协会加强会员管理和政策宣传，全方位防范和处置虚拟货币交易炒作风险。① 旨在始终保持高压态势，实行动态监测，并及时处置相关风险，坚决遏制虚拟货币交易炒作风气，严厉打击虚拟货币相关非法金融活动和违法犯罪活动，依法保护人民群众财产安全，全力维护经济金融秩序和社会稳定。

二、我国整治虚拟货币法律政策的思考

虚拟货币分为加密与非加密两种，一般是指数字加密虚拟货币，其总数量有限，具有极强的数量稀缺性，所以被形象地比喻成"挖矿"。而加密资产本身不是货币，属于另类投资品。世界各国对其可能带来的社会经济风险高度警惕，对其监管也被各国特别重视，因不可能完全禁止个人对数字货币的持有和交易，使得其问题成为各国面对的难题。当前，我国涉及虚拟货币犯罪案件高发，不仅涉及非法集资等犯罪，有些还涉及网络赌博洗钱，尤其是虚拟货币成为洗钱、逃税、恐怖融资和跨境资金转移的通道，一定程度上威胁了社会稳定和国家安全。我国涉及虚拟货币的犯罪主要有以下形式：一是利用群众不了解虚拟货币的特点，故意夸大虚拟货币的概念，以所谓数字经济投资名义非法融资、吸收公众存款，最终"爆雷"跑路；二是利用虚拟货币可以变现的特点，为网络赌博、电信诈骗等犯罪进行所谓"第三方""第四方"支付的洗"黑钱"行为；三是直接以"币币"交换、"炒币"等名义实施诈骗。特别是虚拟货币的暗箱交易严

---

① 2021年9月24日人民银行有关负责人就《关于进一步防范和处置虚拟货币交易炒作风险的通知》答记者问，中国人民银行网，2021年9月24日。

重干扰了正常的金融秩序，且隐藏了很多社会风险点，引发了监管部门对虚拟货币交易场所的排查整治，甚至对提供虚拟货币交易服务或开设虚拟货币交易场所、为境外虚拟货币交易场所提供服务通道（包括引流、代理买卖等服务）以及以各种名义发售代币、向投资者筹集资金或比特币等虚拟货币等违规行为进行严厉打击。对虚拟货币的分析需要从以下层面进行。

（一）虚拟货币作为虚拟财产的司法实践

我国在法律上确认虚拟资产的法律地位是 2016 年的《民法总则》。2016 年 6 月 27 日，全国人大常委会第二十一次会议审议《民法总则（草案）》议案的说明对网络虚拟财产、数据信息等民事权利客体做出明确规定。此后，网络虚拟（货币）财产、数据信息受到法律保护。例如，陈某诉浙江某科技有限公司买卖合同纠纷案。原告通过网络向被告购买比特币"挖矿机"。后原告认为中国人民银行已经联合多部委发文《关于防范代币发行融资风险的公告》，要求停止比特币等各类代币发行融资活动，故专门用来运算生成比特币的"挖矿机"已无价值，交易违法，主张合同无效要求退款。被告辩称，双方签订的买卖合同系双方真实意愿，不违反法律规定，内容合法有效。2018 年 10 月 10 日，浙江杭州互联网法院审理该案认为，比特币不具有法偿性与强制性等货币属性，不能作为货币在市场上流通使用，但其系合法劳动取得，具有可支配性、可交换性和排他性，具有虚拟商品属性，故交易专门用来运算生成比特币的"挖矿机"不违反法律和行政法规的强制性规定，买卖合同有效。有评价认为，买卖"专用于运算生成比特币的算力设施"（俗称挖矿机）合同是否有效案，本质问题是判断比特币等网络虚拟财产的法律地位，但法律对此并无明确规定。[1] 本案判决是对《民法总则》有关数据和网络虚拟财产法律保护原则性规定的具体应用，为"挖矿机"等算力设施产业留在国内提供了制度空间，体现了司法对待数字经济新业态的包容审慎态度。法院也认为，近年来，以比特币为代表的"虚拟货币"投资及交易水涨船高，方兴未艾。对于此类经互联网技术发展后在互联网环境中新生成的虚拟物品，相

---

① 吴振宇：《首例比特币"挖矿机"纠纷 杭州互联网法院今天判了！》，浙江在线，http：//zjnews. zjol. com. cn/zjnews/hznews/201810/t20181010_8446875. shtml，2018 年 10 月 10 日。

关交易存在政策与商业风险。但在未违反法律、行政法规强制性规定的前提下，当事人订立的合同为有效合同，一方无权任意解除。当事人应当遵循诚实信用原则，依约履行生效合同确定的义务。无独有偶，在仲裁案件中存在类似的情形。2018 年 11 月 5 日，司法部官方微博发出一篇文章，标题为"深圳仲裁填补司法判例空白！确认比特币具财产属性受保护"。

2017 年 12 月 2 日，A 企业、高某某、李某共同签订了《股权转让协议》，约定某企业将其持有的 × 公司 5% 的股权以 55 万元转让给高某某，李某委托高某某进行个人数字货币资产的理财，高某某未偿还李某相关资产及收益，基于该数字货币资产产生的收益，李某同意代替高某某向 A 企业支付 30 万元股权转让款，高某某直接向 A 企业支付 25 万元股权转让款。高某某分三期将李某委托其进行理财的货币资产（20.13 个比特币、50 个比特币现金、12.66 个比特币钻石）全部归还至李某的电子钱包。该协议签订后，高某某未履行合同义务。A 企业、李某根据其与高某某于 2017 年 12 月 2 日签订的《股权转让协议》中约定的仲裁条款，向深圳仲裁委员会申请仲裁。A 企业、李某申请仲裁，主要请求为：变更 A 企业持有的 × 公司 5% 股份到高某某名下，高某某向 A 企业支付股权款 25 万元，高某某向李某归还数字货币资产 20.13 个 BTC（比特币）、50 个 BCH（比特币现金）、12.66 个 BCD（比特币钻石）资产相等价值的美金 493158.40 美元和利息，高某某支付李某违约金人民币 10 万元。

仲裁庭经审理认为，高某某未依照涉案合同的约定交付双方共同约定并视为有财产意义的比特币等，构成违约，应予赔偿。仲裁庭参考李某提供的 OKCoin.com 网站公布的合同约定履行时点有关 BTC（比特币）和 BCH（比特币现金）收盘价的公开信息，估算应赔偿的财产损失为 401780 美元。仲裁庭裁决，变更 A 企业持有的 × 公司 5% 股份至高某某名下；高某某向 A 企业支付股权转让款人民币 25 万元；高某某向李某支付 401780 美元（按裁决作出之日的美元兑人民币汇率结算为人民币）；高某某向李某支付违约金人民币 10 万元。①

然而，仲裁案出现了反转。高某某对该裁决不服，以裁决违背社会公共利益为由向深圳市中级人民法院申请撤销仲裁裁决。其具体理由为：仲裁裁决关于财产损失金额估算参考的公开信息为 OKCoin. com 网站公布的收盘价。根据《中国人民银行中央网信办工业和信息化部工商总局银监会证监会保监会关于防范代币发行融资风险的公告》，自 2017 年 9 月 4 日以后任何所谓的代币融资交易平台不得从事法定货币与代币、虚拟货币相互之间的兑换业务，不得买卖或作为中央对手方买卖代币或虚拟货币，不得为代币或虚拟货币提供定价、信息中介等服务。因此，自 2017 年 9 月 4 日起，OKCoin. com 网站提供数字货币的交易及定价均为非法。而且，既然数字货币在上述网站无法交易，上述网站对数字货币的定价也没有合理依据，无法采信。仲裁裁决高某某归还与数字货币相等价值的美元，并按裁决作出之日美元兑换人民币汇率结算为人民币，变相支持了数字货币和法定货币的交换，涉嫌支持非法发售代币票券及人民币非法流通行为，违背了法律强制性规定及社会公共利益，仲裁裁决应当予以撤销。法院经审理后认为，《中国人民银行工业和信息化部中国银行业监督管理委员会中国证券监督管理委员会中国保险监督管理委员会关于防范比特币风险的通知》明确规定，比特币不具有与货币等同的法律地位，不能且不应作为货币在市场上流通使用。2017 年中国人民银行等 7 部委联合发布《关于防范代币发行融资风险的公告》，重申了上述规定。同时，从防范金融风险的角度，进一步提出任何所谓的代币融资交易平台不得从事法定货币与代币、虚拟货币相互之间的兑换业务，不得买卖或作为中央对手方买卖代币或虚拟货币，不得为代币或虚拟货币提供定价、信息中介等服务。上述文件实质上禁止了比特币的兑付、交易及流通，炒作比特币等行为涉嫌从事非法金融活动，扰乱金融秩序，影响金融稳定。综上所述，申请人高某某申请撤销仲裁裁决的部分理由成立。经向最高人民法院报核，依据《仲裁法》第五十八条第三款的规定，裁定如下：撤销案涉仲裁裁决。最为重要

---

① 参见高哲宇申请撤销仲裁裁决特别程序民事裁定书（2018）粤 03 民特 719 号。

的是：我国《仲裁法》第五十八条和《民事诉讼法》第二百三十七条分别对法院撤销或不予执行国内仲裁裁决的具体情形作出了规定。"违背社会公共利益"是法院可以主动援引以撤销或不予执行国内仲裁裁决的唯一事由。

上述裁决不仅认可比特币等数字资产的财产属性，还在确定数字资产价值时以申请人提供的 OKCoin. com 网站公布的比特币收盘价为依据，特别是高某某给付李某赔偿款意味着直接将比特币等数字资产与法币挂钩。任何所谓的代币融资交易平台不得从事法定货币与代币、虚拟货币相互之间的兑换业务，不得买卖或作为中央对手方买卖代币或虚拟货币，不得为代币或虚拟货币提供定价、信息中介等服务。也就是说，我国法律不认可数字资产交易平台的合法性，并禁止任何机构从事兑换、定价、信息中介服务。既然不认可其合法性，那么其网站数据自然也不能作为司法裁决的依据。例如，上海市第一中级人民法院（2019）沪 01 民终 13689 号判决认为，上诉人迫使被上诉人转出比特币的行为，侵犯了被上诉人的财产权利。上诉人在诉讼中曾作出的承诺，上诉人均应将系争比特币返还被上诉人。根据被上诉人提交的公证书，系争比特币的数量为 18.87997062 个，根据计数习惯，一审法院保留小数点后两位，四舍五入计为 18.88 个，并无不当。侵占他人财产，若不能返还的，应当折价赔偿。通常，赔偿金额的确定需要考虑财产受损时的市场价格、被侵权人取得财产的价格、侵权人获得的收益、双方就赔偿金的主张金额等因素，综合案件的实际情况予以确定。然而，案件中的 CoinMarketCap. com 网站并非我国认可的虚拟货币交易价格信息发布平台，故不能将该网站上比特币的交易价格数据直接作为被上诉人损失的认定标准。被上诉人无法向本院提供其获得比特币的价格，上诉人陈述比特币被冻结，即该案也无侵权人的获利金额。二审中，就上诉人如需向被上诉人返还比特币，而上诉人返还不能的情况下，如何确定比特币的折价赔偿标准问题，上诉人向本院确认比特币按每个 42206.75 元予以赔偿，被上诉人对该折价赔偿标准亦予以接受，故本院对比特币按每个 42206.75 元的标准计算赔偿金额。判决：上诉人闫向东、李敏、孙飞、岑升方于判决生效之日起十日内共同返还被上诉人李圣艳、布兰登·斯密特比特币 18.88 个，若不能返还，则按每个人民币 42206.75 元赔偿。① 这种类似的判决还有江苏省句容市人民法院（2020）苏 1183 民初 3825 号民事判决书。然而，陕西省西安市中级人民法院（2020）陕 01 民终 11210 号民事裁定书却与之不同。该法院认为，相关部门已禁止金融机构、支付机构以及任何所谓的代某甲融资交易平台为比特币提供定价等服务，即比特币作为一种虚拟财产缺乏合法经济评价标准。该案孟某关于邰某某返还比特币的诉讼请求不属于人民法院受理民事诉讼的范围。又如，安徽省合肥市中级人民法院（2019）皖 01 民终 10232 号民事判决书中，法院认为，根据《关于防范代币发行融资风险的公告》发布之日起不得买卖或作为中央对手方买卖代币或虚拟货币。即使凯歌公司与孙某某之间存在买卖合同关系，因双方买卖的标的物为比特币，故凯歌公司主张的买卖合同应为无效合同，不受法律保护。凯歌公司依据无效的合同主张给付请求权，不予支持。山东省青岛市市北区人民法院（2019）鲁 0203 民初 9874 号民事判决书也做出了相似的认定。法院认为，《关于防范代币发行融资风险的公告》规定了自 2017 年 9 月 4 日起，任何组织和个人不得买卖虚拟货币，国家禁止发行和交易虚拟货币行为，案件所涉职信币买卖协议违反了法律、行政法规的强制性规定，因而是无效的。类似的判决还有江苏省高级人民法院（2020）苏民申 303 号民事裁定书、河南省邓州市人民法院（2021）豫 1381 民初 981 号民事判决书。这些判决均以《关于防范代币发行融资风险的公告》的规定做出判决。

尽管有些判决做出了支持退还的请求，但没有引用任何网站的数据对比特币进行定价。特别是在一些盗窃比特币的案件中，因涉及对比特币定价的问题，有些法院以非法获取计算机信息系统数据罪来认定，这实质上是否认了比特币的"财物"属性。这与我国《民法典》的规定不尽一致。我国《民法典》第一百二十七条规定：法律对数据、网络虚拟财产的保护有规定的，依照其规定。这种以法律的形式确认了网络虚拟财产形态，旨在为网络虚拟财产交易与数字货币流通建立基础法律保障。在全国人大

---

① 参见上海市第一中级人民法院（2019）沪 01 民终 13689 号判决。

常委会法工委民法室相关负责人看来，该条款内容虽然简单，但意义重大。它弥补了我国法律在虚拟财产保护问题上的空白，明确了数据、网络虚拟财产的财产属性，迈出了依法全面保护虚拟财产的第一步。[①] 然而，现行法律未对某类虚拟财产的合法性予以承认并作出保护时，这类虚拟财产在追索时就难以受到法律保护。根据最高人民法院关于印发《全国法院民商事审判工作会议纪要》的通知第三十一条的规定：违反规章一般情况下不影响合同效力，但该规章的内容涉及金融安全、市场秩序、国家宏观政策等公序良俗的，应当认定合同无效。结合目前我国节能减排及碳达峰、碳中和目标等国家宏观政策，这些行为均可纳入"公序良俗"调整的范围，基于虚拟货币产生的纠纷将会失去司法救济的权利。

（二）虚拟货币的国外治理考察与做法启示

我国对虚拟货币交易、数字代币发行等采取禁止措施，表现出坚定的立场和明确的谨慎态度。由于虚拟货币的全球性，我国仅仅禁止虚拟货币、数字代币相关行为能否全面防范风险还有待考虑。随着区块链技术的深入发展，我国未来不排除有调整的可能，对此需要对国外的情况予以考察。

在美国，纽约是第一个正式推出数字货币监管的州。纽约金融服务局对有关虚拟货币的规定为，虚拟货币（virtual currency）是指任何一种被用作交换媒介或价值存储的数字单位（digital units）。虚拟货币具有作为货币的价值尺度、流通手段、贮藏手段的基本职能，与消费券、代金券、预付卡等有显著不同。2017 年 12 月 4 日，美国证券交易委员会（SEC）首次针对"初始代币发行"（ICO）发起诉讼，指控一家名为 Plex Corps 的私人控股公司及两名高管涉嫌欺诈投资者。2018 年 2 月 6 日，SEC 主席称，ICO 参与者需要考虑"币"是不是证券，它们符合证券的一些关键特征，而发行证券需要牌照。

加拿大的居民可以在接受数字货币的网上或线下商家使用数字货币购买货物或服务，也可以在公开交易所买卖数字货币。但数字货币不是加拿

---

① 陈瑜：《民法典迈出依法全面保护虚拟财产第一步》，载《科技日报》2021 年 1 月 19 日。

大的法定货币，银行或金融机构对数字货币不采取管理或监管措施。加拿大肯定虚拟货币的货币职能，但明确其不属于法定货币。而在新加坡，因虚拟货币不被认为是法定货币或证券，新加坡不监管虚拟货币本身，但因虚拟货币的匿名属性，尤其容易产生洗钱和资助恐怖主义风险，对虚拟货币交易平台进行相关风险的监管。2018 年 2 月 16 日，瑞士金融市场监管局（FINMA）发布了 ICO 的监管框架，将数字代币分为三类：（1）支付代币（payment tokens），即加密货币，作为货物或服务的支付手段，或货币、价值转移的方式。（2）实用代币（utility tokens），以区块链为基础的，提供对应用或服务的数字化获取渠道的代币。（3）资产代币（asset tokens），代表了发行方的债权或股权。例如，资产代币承诺对未来公司利润或现金流的分成。

目前世界各国没有形成对虚拟货币、数字代币的统一定性和划分标准。多数国家明确提示比特币等虚拟货币不属于法定货币，部分国家认可虚拟货币的货币属性，但在流通许可和监管上各有差别。瑞士、新加坡采取较宽松的监管模式，不限制虚拟货币的使用。也有部分国家对虚拟货币的使用采取严格的管控措施。特别是部分国家结合本国相关金融法律，对需要监管的数字代币界定了相关要素，并认为数字代币在满足证券构成时，可将其定义为证券，其相关发行行为受到证券发行相关法规管理。近期，全球最大的加密货币交易所币安（Binance）被禁止在英国、意大利、德国、荷兰、日本等地提供某些加密货币投资产品。韩国也加大力度打击利用数字货币偷税漏税行为，美国证券交易委员会的新任主席根斯勒（Gary Gensler）更屡屡表态，要加强对加密货币的监管与投资者保护。这些做法对我国发展数字货币均具有启发意义。

三、我国虚拟货币的治理策略与反思

目前我国治理虚拟货币的依据主要是《关于进一步防范和处置虚拟货币交易炒作风险的通知》。该通知开宗明义再次重申了对于虚拟货币并非货币且不具有法偿性的定性和基本立场，不承认或者否定虚拟货币的法偿性也就意味着否定了虚拟货币具有货币属性。同时认为，开展法定货币与

虚拟货币兑换业务（法币交易）、虚拟货币之间的兑换业务（币币交易）、作为中央对手方买卖虚拟货币（交易所业务）、为虚拟货币交易提供信息中介和定价服务（中介及信息服务）、代币发行融资（ICO）以及虚拟货币衍生品交易等均为非法金融活动，并进一步明确了 ICO 和法币交易不仅是非法金融活动，涉及虚拟货币的币币交易、开设交易所、中介信息服务以及衍生品交易都是非法金融活动。其治理采用多层次围剿的策略与方式。

一是严禁新增虚拟货币"挖矿"项目，初步确立禁止"挖矿"行为的监管体系。如《内蒙古自治区发展和改革委员会关于坚决打击惩戒虚拟货币"挖矿"行为八项措施》分别对不同主体"挖矿"的行为给予不同的惩罚措施：对工业园区、数据中心、自备电厂等为虚拟货币"挖矿"企业提供场地、电力支持的加大节能监察力度，核减能耗预算指标，严肃追责问责。对大数据中心、云计算企业等"挖矿"的，取消各类优惠政策，从严处理，严肃追究责任。对通信企业、互联网企业等"挖矿"的，吊销增值电信业务许可证，严肃追究责任。对网吧等"挖矿"的，进行停业整顿等处置。对未经报批私自接入动力电源的虚拟货币"挖矿"项目等主体，违法窃电行为依法移送司法机关处理。对存在虚拟货币"挖矿"行为的相关企业及有关人员，按有关规定纳入失信黑名单。对公职人员利用职务之便，参与虚拟货币"挖矿"或为其提供方便与保护的，一律移送纪检监察机关处理。

二是金融机构和非银行支付机构不得为虚拟货币相关业务活动提供服务。金融机构和非银行支付机构不得为虚拟货币相关业务活动提供账户开立、资金划转和清算结算等服务，不得将虚拟货币纳入抵质押品范围，不得开展与虚拟货币相关的保险业务或将虚拟货币纳入保险责任范围，发现违法违规问题线索应及时向有关部门报告。

三是加强对虚拟货币相关的互联网信息内容和接入管理。互联网企业不得为虚拟货币相关业务活动提供网络经营场所、商业展示、营销宣传、付费导流等服务，发现违法违规问题线索应及时向有关部门报告，并为相关调查、侦查工作提供技术支持和协助。网信和电信主管部门根据金融管理部门移送的问题线索及时依法关闭开展虚拟货币相关业务活动的网站、移动应用程序、小程序等互联网应用。

四是加强对虚拟货币相关的市场主体登记和广告管理。市场监管部门加强市场主体登记管理，企业、个体工商户注册名称和经营范围中不得含有"虚拟货币""虚拟资产""加密货币""加密资产"等字样或内容。市场监管部门会同金融管理部门依法加强对涉虚拟货币相关广告的监管，及时查处相关违法广告。

五是开展法定货币与虚拟货币兑换业务、虚拟货币之间的兑换业务、作为中央对手方买卖虚拟货币、为虚拟货币交易提供信息中介和定价服务、代币发行融资以及虚拟货币衍生品交易等虚拟货币相关业务活动涉嫌非法发售代币票券、擅自公开发行证券、非法经营期货业务、非法集资等非法金融活动，一律严格禁止，坚决依法取缔。对于开展相关非法金融活动构成犯罪的，依法追究刑事责任。

六是对于相关境外虚拟货币交易所的境内工作人员，以及明知或应知其从事虚拟货币相关业务，仍为其提供营销宣传、支付结算、技术支持等服务的法人、非法人组织和自然人，依法追究有关责任。国内客户如果通过互联网登录方式开展相关投资、交易活动，为此类交易所提供服务的信息中介服务、借贷、类期货业务均属于明确禁止项目。

七是严厉打击涉虚拟货币犯罪活动。公安部部署全国公安机关继续深入开展"打击洗钱犯罪专项行动""打击跨境赌博专项行动""断卡行动"，依法严厉打击虚拟货币相关业务活动中的非法经营、金融诈骗等犯罪活动，利用虚拟货币实施的洗钱、赌博等犯罪活动和以虚拟货币为噱头的非法集资、传销等犯罪活动。

我国对虚拟货币的立场历经了民事上的虚拟财产到行政上的整治再到刑事上的打击，即使是行政上的整治也存在早期禁止交易平台的相关活动，而未涉及其他虚拟货币业务活动，到目前对相关虚拟货币业务活动定性为非法金融活动，并强调任何法人、非法人组织和自然人投资虚拟货币及相关衍生品，违背公序良俗的，相关民事法律行为无效，由此引发的损失由其自行承担；涉嫌破坏金融秩序、危害金融安全的，由相关部门依法查处，其严格禁止转化为全面围剿，最终将行政上的冻卡行为升级为真正意义上的刑事追诉活动。但是，依然存在虚拟货币交易行为本身到底是"中性"还是"非法性"的疑问。一旦将其定性为非法金融活动，其交易业务活动则会转化为"非法途径转移财物"，当司法机关追缴虚拟货币后，其追缴的虚拟货币因不能对价应如何处置又会成为需要讨论的问题。2023 年 4 月 13 日，最高人民法院发布的《全国法院金融审判工作会议纪要（征求意见稿）》规定了"以虚拟货币支付对价纠纷的处理""委托投资虚拟货币纠纷的审理"以及"用户与虚拟货币交易平台之间的纠纷案件"，强调认真研究不同时期国家金融监管和产业调控等公共政策调整情况，依据《民法典》153 条第 2 款规定，认定行为效力。

【小结】

从网贷（P2P）到现金贷再到消费信贷，由互联网金融到金融科技，互联网金融被纳入互联网金融风险整治范围。互联网金融的创新业务或者模式裹挟着"风险"与"欺诈"的骗局。随着网贷"爆雷"潮的出现，投资者纷纷离场，以个人资金为主要资金来源的网贷平台开始暴露出资金压力，其压力不断转移。从 2015 年到 2016 年的短短两年内，大学生过度借贷，校园贷迅猛发展，加之使用暴力威胁等非法催收手段，造成了恶劣的社会影响。2016 年 8 月 24 日，银监会整改校园贷，校园贷业务部分转型进入现金贷。伴随着移动互联、移动支付和大数据风控的普及，网贷（P2P）、网络小贷、电商、互联网公司、消费金融公司蜂拥进入市场，现金贷得到迅速蔓延。据统计，2017 年现金贷规模达到万亿元级别。2018年，随着监管的重拳出击，从法定利率上限、资金来源和行业准入牌照上严格控制，现金贷行业堕入低谷。过度竞争的网贷（P2P）行业屡屡出现营销大战，网贷（P2P）平台获客成本从约 200 元/人上升到了 1000 元/人左右，出现资产荒的网贷（P2P）平台又进一步挖掘高风险、伪需求资产，风险不断扩张，在刚性需求下衍生出"714 高炮平台"，加上征信的缺失，随之而来爆发了暴力催收、涉众型风险的社会问题。一些不受监管的企业在无法合规且面临大量需求无法被合规金融企业满足时，铤而走险做起非法的套路贷、高利贷和超利贷。特别是大数据深度滥用，大数据杀熟、过度营销、数据倒卖的诸多乱象触目惊心。

第三方支付机构在获利空间逐渐丧失的情况下铤而走险，而市场创新生态已然恶化。2023 年 7 月，支付宝因违反支付账户管理规定被警告并罚没约 30.62 亿元，腾讯旗下的财付通被罚没近 30 亿元。① 随着互联网金融行业连环爆雷，依附在网贷（P2P）现金贷平台的现金流入受到极大影响，放贷额度断崖式骤减，借贷需求迸发出高炮平台，并走向市场。公安部于 2019 年 2 月 26 日召开新闻发布会将"套路贷"列为新型的黑恶犯罪。全国各地方陆续成立"打击套路贷"的专案组。2021 年对国内虚拟货币乱象空前严厉的整顿是决策层对虚拟货币的认识不断深化的结果，也与虚拟货币蕴藏的风险不断暴露、金融风险防控升级、经济社会低碳转型等因素均密切相关。尽管在监管趋严和打击严惩的专项斗争中，现金贷并未消失，反而从地上转到地下，其风险不亚于地上；对虚拟货币严厉整治又使其将交易场所转移至国外，并未因此断绝，其风险治理永远在路上。互联网金融风险整治与风险不断溢出或者风险事件不断出现始终相伴，这不仅要求风险治理模式需要转型，而且还折射出专项治理需要综合治理配合，否则互联网金融风险治理就会加剧风险不断转移，不仅不能治本，而且指标中可能积累更加复杂的风险，甚至有些风险被遮蔽，最终会付出沉重的治理成本。

---

① 参见银罚决字〔2023〕26 号和银罚决字〔2023〕34 号。

第六章

互联网金融风险监管与监控策略

纵观世界金融发展史，每一次金融改革与创新之前，因金融内生的脆弱性和外部的制约性，往往伴随着风险的快速积聚，对金融监管提出了挑战，特别是21世纪初欧美资产证券化领域过度创新和风险管理的道德危机引发的金融危机，更使得金融监管如履薄冰。从金融业抑制创新风险规制的动态循环演进来看，金融创新和风险监管并不冲突，如果两者间能够形成适度平衡机制，可相得益彰。一方面，需要树立互联网金融监管的理念，建立具有包容性的创新风险管理机制，在风险可控的前提下，鼓励其创新发展，推进具有突破性的应用试点，妥善处理互联网金融创新与监管的关系；另一方面，借助金融科技等信息化现代技术，通过审慎监管和行为监管的并行互补，行政监管和自律管理的有机结合，建立互联网金融风险全覆盖的长效监管机制，保障监管部门对互联网金融创新有能力、看得到、穿得透、管得住，推进互联网金融风险治理体系和治理能力的现代化。

第一节 互联网金融风险监管的现状与挑战

互联网金融的蓬勃发展推动了我国传统金融业的改革，对改善中小微企业融资环境，拓展融资渠道，建立多层次资本市场，优化金融资源配置等方面具有重要价值。同时对监管提出了更高的要求。由于互联网金融服务涉及的受众面广，蕴含的风险较传统金融更为复杂，一旦出现风险问题，其传导性和破坏性更强，因此必须借助现代信息科技力量建立风险监测、预警机制和长效的监管措施。

一、我国互联网金融监管的现状

我国互联网金融不仅冲击着传统金融业务，也对我国监管体系提出了全新挑战，逐渐呈现金融监管能力不足、监管措施失控和监管对策失灵的现象。由于互联网金融涉及的金融业态较多，金融产品嵌套性复杂，主体及行为的综合性，涉及众多监管机构及监管职权，与传统金融在流动性、收益性和风险性方面存在明显不同，为监管带来以下难题：（1）与正规金融市场和传统民间金融市场存在区别，再加上互联网金融的跨界，容易形成监管真空或者留下监管空隙；（2）对综合性金融活动是以主体身份确定监管对象，还是以行为性质确定监管对象，为监管职权的划分和行使带来执法上的困难和困惑；（3）为统一监管规则和标准带来困难，对非金融机构的金融活动应当如何监管，是否需要拓宽法律监管的边界等，又成为新的合法与合规问题；（4）增加了监管协调的复杂性和协调的成本。面对这些难题，需要建立多层次的监管体制，涉及社会公众资金的融资活动由多个部门监管，涉及少数投资人和不涉及资金的中介服务可由地方金融监管机构负责监管。①

第一，互联网金融分业监管体制的问题。互联网金融监管涉及面广、监管主体多，既包括金融部门，也包括市场监督管理、网信部门、公安机关等。互联网金融深化了金融业综合化和混业化经营趋势，呈现出混业经营趋势和分业监管体系的制度性错配。而现有监管体系是分业监管模式，分业监管极易引起监管重复或者缺位，监管盲点和监管遗漏现象日渐突出，监管部门之间的信息沟通交流不畅通、政策相互冲突、信息传递延时等问题都会影响监管效果。

互联网金融作为金融的一种新型业态，其监管应当遵循金融业存在的根本价值，结合互联网金融的特点，支持实体经济发展，为实体经济发展

---

① 岳彩申：《互联网金融监管的法律难题及其对策》，载《中国法律》2014 年第 3 期。

提供融资服务。因为互联网金融的一个鲜明特征是可贸易性，没有地域分割问题。由于无仓储、无物流，在任何一地注册经营的互联网金融公司，都可以便捷、低成本地服务全国各个地区的企业和居民。例如，注册在上海的某第三方支付公司，在上海的业务量仅占到全国总量的 5%。这显然与地方政府扶持传统地方性金融机构的动机不完全相同。然而，地方政府扶持互联网金融发展，并非完全基于对地方实体经济的支持作用，其不仅不会给地方自然环境带来污染还能缴纳税收、促进就业。互联网金融的这一完全可贸易特征还决定了互联网金融的收益本地化，潜在风险却由全国分担。例如，如果一家互联网金融企业发生风险，利益遭到损害的金融消费者就可能遍布全国，即互联网金融的潜在风险具有地域上的负外部性。也正因为互联网金融的完全可贸易性，各个地区对互联网金融公司的争夺才陷入了白热化境地。[①] 这也是地方政府重视对互联网金融政策的鼓励与支持，而轻视监管酿成风险事件的原因之一。

第二，互联网金融监管法律体系不健全问题。随着互联网技术的不断升级，互联网金融业务创新层出不穷，现有金融法律体系主要针对传统金融业务。金融监管法律体系明显滞后，传统的金融监管法规已不能满足日益丰富的互联网金融活动。法律体系不健全会不断累积新的风险。目前，我国互联网金融的监管规定多数属于国务院制定的行政法规以及国家金融监管部门制定的部门规章、规范性文件，还有一些中央规范性文件及地方出台的地方政策性文件。总体来说，我国在互联网金融领域中法律法规位阶较低，效力有限，况且有些政策以及规范性文件的规定不符合互联网金融的本质，尤其是监管环境的不完善已经成为互联网金融发展中最严峻的问题。由于互联网金融立法的不健全或者存在缺陷，即使投资者的合法利益在互联网金融活动中受到侵害，投资者也难以运用相关法律进行维权，致使不法分子的违法犯罪行为更加猖獗，给互联网金融的监管造成依法监管的困难，难以满足互联网金融产业的发展需求。

第三，互联网金融监管措施与互联网金融不匹配问题。互联网金融风

---

① 郭峰：《地方政府为何青睐互联网金融》，载《上海观察》2016 年 8 月 8 日。

险集中暴露出外在经营不善、跑路等现象，通过互联网金融平台为资金提供违规通道、转移资金、担保配资、过度杠杆等违规行为屡见不鲜。然而监管对这部分资金数量没有有效监测统计、估量不足，在清理过程中又带来了链式反应，在一定范围内助推资本市场非理性下跌。面对这些情况，监管措施应当分为常规性和应急性，特别是建立应急性监管措施，对传染迅速的互联网金融风险更为有效。

另外，互联网金融业务凭借信息流展开，信息技术的快速发展使得金融机构的经营模式不断更新，互联网金融企业有可能通过先进技术规避金融监管。越来越多的非金融机构开始跨入金融领域，金融监管更难以落实。金融监管手段的创新滞后于互联网金融业务，造成新业务的合法性难以界定。互联网金融业务的高科技性对监管人员提出了更高的要求，不仅要熟练掌握金融知识和信息技术，还要有深厚的金融法律基础。然而，真正能满足互联网金融监管需求的专业化人才队伍尚未形成，影响了互联网金融业务的质量和监管效能。

二、互联网金融监管面临的挑战

互联网金融的风险有别于传统金融业，国际上普遍认为互联网金融是传统金融业务信息化的产物，重在渠道的升级，而非产品与内涵的创新，它在开放和虚拟的网络中进行交易数据的实时传输，对互联网金融的监管比传统金融监管更为复杂。然而因为互联网金融并未改变金融的本质，在功能上依然脱离不了支付、金融产品销售、融资或者投资的范畴，在原传统金融监管的基础上如何健全和完善互联网金融监管体制，世界各国均面临这一新的挑战。

第一，互联网金融监管体制改革的挑战。由于互联网金融存在形态虚拟化、运行方式网络化、业务边界模糊化的特点，一旦各监管机构配合协调不力，监管范围模糊，就会导致重复监管、交叉监管或监管真空，一些跨界经营机构和跨界混搭产品存在明显脱离监管的现象，从而降低了监管的有效性，亟待金融创新的监管，由"分业监管"转为"统一监管"制度面临体制改革的挑战。对第三方支付、网络贷款、众筹以及虚拟货币等互联网金融业务模式还存在着不同程度的监管力度。对互联网金融不同业务的监管机制存在差异，缺乏完善的规范体系，这种分业监管的模式容易带来制度性错配。在互联网金融风险事件频发的阶段，监管机构需要在原则性监管和限制性监管间进行权衡，防范和化解互联网金融引发的风险及其潜在的经济社会冲击。[①] 互联网金融深化了金融业综合化和混业化经营趋势，而现有监管体系是分业监管模式，以机构监管作为基础，呈现出混业经营趋势和分业监管体系的制度性错配。分业监管极易引起监管重复或者缺位，监管盲点和监管遗漏现象日渐突出，各监管部门之间的信息沟通交流不畅通、政策相互冲突、信息传递延时等问题都会影响监管效果。有必要重新审视互联网金融的监管思路和基本原则，尤其需要结合目前金融监管体制改革，重新搭建适应互联网金融属性的监管架构。

第二，互联网金融的监管力度面临的挑战。监管机构在致力于维护互联网金融安全运行的同时，也要为互联网金融创新提供宽松的环境，积极引导金融产业良性竞争，合理配置有限资源。由于互联网金融转移成本较低，许多客户与资金会向监管力度宽松的国家或地区迁移，倘若一国或地区倾向于保护本国的金融产业，则会损失社会资源，降低整体社会福利水平。因此，监管趋紧或者宽松以及强度过大或过小均会影响其有序发展。监管力度过小不能有效控制风险，监管力度过大则会在一定程度上抑制金融创新与技术进步，降低企业的国际竞争力。如何把握监管力度成为新的挑战。

第三，互联网金融的虚拟环境给监管带来的挑战。互联网金融活动主要是以互联网为媒介，然而互联网技术本身存在一些弊端，为互联网金融虚拟环境的监管工作带来了一定的困扰。由于我国互联网金融产品种类较多，一个项目下会出现不同经营范围的金融产品，而不同经营范围的金融产品又归属于不同的管理部门，这极易造成金融监管部门各自为政，不能将金融信息相互共享，出现监管区域不完整、存在监管盲区的现象。

2019 年 8 月 8 日，国务院办公厅印发的《关于促进平台经济规范健

---

① 中国人民银行衡阳市中心支行课题组：《互联网金融的创新与监管问题研究》，载《金融经济》2014 年第 16 期。

康发展的指导意见》要求促进平台经济规范健康发展，落实和完善包容审慎监管要求，推动建立健全适应平台经济发展特点的新型监管机制，着力营造公平竞争的市场环境。对这些新的业态，监管需要持包容审慎的态度，但包容审慎不等于不监管，需将包容审慎和依法监管结合起来，共同促进互联网平台经济健康有序发展。这也对新时代互联网金融监管提出了新要求。

三、互联网金融监管需要正视的问题

面对互联网金融的迅速发展对监管体系带来的新挑战，可能遇到的问题是：互联网金融由于其创新性强，可能存在较为明显的监管漏洞和监管空白，出现监管套利和监管寻租。互联网金融的信息化程度和科技含量高，跨界特征明显，对现有监管体系的及时性、针对性、有效性和完备性提出了挑战。互联网金融的虚拟性导致监管的稽核审查或现场取证等面临技术性困境。移植国外监管互联网金融的规定与本土不服之间的冲突以及金融对外开放带来的监管模式改革。有学者认为，互联网带来的渠道革命增加了对监管的要求，当互联网金融交易的受众范围太大、参与交易的人数太多之后，很容易变成社会问题，进而演变为政治问题，对互联网金融今后的监管，可能比对传统银行更严。有的认为，互联网金融还没有引发社会和政治问题的可能，不具备对互联网金融实施宏观审慎监管的条件和必要性，宏观审慎监管对于互联网金融而言是一个前瞻性的议题，但监管制度的构建需要一个过程，提前考虑风险防范的制度构建是非常必要的。① 监管对此不应忽视。2021 年 2 月 7 日，国家市场监管总局发布《关于平台经济领域的反垄断指南》，国务院同意建立反不正当竞争部际联席会议制度，将其职能定调"强化反垄断和防止资本无序扩张"，表明政府对金融科技巨头展开治理整顿的基本立场和重塑监管权威的目标。

面对互联网金融带来的金融创新与挑战，需要制定符合我国国情的监管政策，立足我国促进互联网金融发展的实际，开创中国式现代化的互联

---

① 岳彩申：《互联网金融监管的法律难题及其对策》，载《中国法律》2014 年第 3 期。

网金融监管道路。未来对互联网金融的监管可以更多从主体监管转变为行为监管。从主体监管转变为行为监管，可以促进市场参与主体的平等竞争，促使市场更加开放和有效。当然，以行为监管为主并不意味着完全放弃对参与主体的监管。从一定意义上说，对这两者的监管之间往往也是密不可分的。如果不解决好这一问题，其制度设计将会失去有效运行的基础，其运行在紧张与冲突中再次演变为监管新的难题。

第二节　互联网金融风险治理经验及监管策略

自 2019 年以来，网贷风险整治工作取得了比较大的进展，借贷余额、借贷人数、在营机构数量均大幅下降。人民银行将按照三年防范化解重大金融风险攻坚战的统一安排，继续配合银保监会深入推进网络借贷领域专项整治，稳妥有序推进合规网贷机构纳入监管的工作。"2016 年根据党中央、国务院的安排启动了互联网金融风险专项整治的工作，到目前已经三年多过去了。互联网金融风险整治工作根据当时的情况分了若干个领域，最开始是六大领域，后来随着虚拟货币的交易场所出现了一些新现象，包括非法的外汇交易平台，又增加了这两个领域。在这些领域里比较突出的或者说整治工作难度比较大的是网贷领域。其他几个领域到目前为止应该说基本上进入了收尾工作，更多的是防止死灰复燃，进一步夯实在这个过程中建立的长效机制。"① 在特殊时期，开展对互联网金融风险的专项整治，特别是采取非常态化的集中专项治埋是必要的，并在治理过程中积累了一些经验。

一、互联网金融风险治理的经验

互联网金融风险问题不仅是互联网金融企业跑路等短期现象，其潜在风险也不是通过临时暂停理财类公司工商注册、禁止理财投资宣传等监管

---

① 朱丹丹：《网贷整治时间表再明确 央行：力争在 2020 年上半年基本完成网贷领域存量风险化解》，载《华夏时报》2019 年 10 月 17 日。

措施能够解决的。参与决策的高层人士对互联网金融业态的认识也不尽相同，这种分歧长期以来一直存在。有的主张实行弱监管，为互联网金融创新留有余地和空间；有的则认为应该采取更加严厉的监管措施，防止金融风险的爆发和传染。对互联网金融业务如何监管？监管到什么程度？其中，国家金融监管部门普惠金融部负责牵头网贷行业规范制定，但对如何进行网络借贷监管、怎么监管也持有不同意见。网贷（P2P）的整治工作究竟是由银监部门牵头还是地方金融办牵头，也曾存在争议，最终方案确定按照非法集资防范和处置工作进行属地管理原则，网贷（P2P）的专项整治由地方金融办主导，其他金融部门配合①，致使互联网金融监管陷入两难境地。面对互联网金融行业乱象与监管上的分歧，如何科学合理调整互联网金融风险治理及监管策略成为走出风险治理怪圈需要慎重思考的问题。

随着国务院互联网金融专项整治方案的出台，各地进行清理整顿活动。例如，北京市互联网金融业协会监管的"1＋3＋N"模式。"1"是充分发挥北京市互联网金融业协会自律管理功能，并在协会建立党组织，形成"自律＋党建"的行业自律管理体系；"3"是采取产品登记、信息披露、资金托管"三大"管理措施；"N"是代表互联网金融企业。北京市地方金融监督局希望以此推动协会组织开发产品登记系统和信息披露平台，会员所有产品信息全部登记在系统中，网贷企业按要求通过系统平台进行规范的信息披露，推动企业信用建设和守信自律。2016年4月，江苏省互联网金融协会出台了《江苏省网贷平台产品模式备案管理办法（征求意见稿）》要求公司在发行新的产品类别、推行新的发展模式前5日内，将产品或模式说明、风险提示、合法合规性说明等相关材料报协会进行事前备案。对于备案材料不合规的平台，该协会将关闭其备案窗口，甚至对其进行自律惩戒的惩罚措施。上海互联网金融风险专项整治对互联网金融企业的摸底排查任务将落实到区县，在两个月内实现对互联网平台全覆盖式监管。地方"一行三局"的主要负责人和整治工作的相关配合机构负责人也参加了当日的会议。在上海区县实施摸底排查之前，"一行

---

① 王培成、张威：《整肃互联网金融：互联网金融专项整治拉开大幕》，载《财经》2016年4月18日。

三局"和上海市市场监督还会针对其主要牵头管理的领域拟定针对性的排查框架和标准，汇总到上海市金融办形成最后标准下发。然而，地方对机构分类监管，使得不少互联网金融企业仍没有被纳入从事金融行为的监管范畴。

二、互联网金融风险监管策略

互联网金融风险将会呈现出结构性分化和系统性传导等趋势，这就要求监管主体在监管上形成规范化、立体化以及动态化的系统性监管机制。有学者认为，需要将互联网金融纳入宏观监管的目标分解为两个：一是通过法律制度安排抑制其金融风险的累积，降低其引发局部金融危机的可能性；二是从制度上强化互联网金融对经济波动和其他负面冲击的恢复能力，尤其是在经济波动时的风险防范和自我化解能力。抑制风险累积是法律对互联网金融系统风险实施的事前预防，强化恢复能力是法律对其系统风险爆发后的事后补救。在风险防范的制度体系上，互联网金融宏观监管可包括三个部分：（1）建立发现、监测和计量披露互联网金融系统风险及其潜在影响的机制；（2）通过提高监管标准和采取针对性监管措施等，预防互联网金融系统风险的发生；（3）减少对互联网金融负外部性的溢出，降低系统风险爆发后对整个金融体系及实体经济的冲击。① 主要需要从以下方面完善和建构。

第一，法治化监管机制的完善。有针对性的互联网金融风险专项整治见效快，但治标不治本。如果按照此思路治本，最终会使互联网金融业态或者模式消失。只有将互联网金融监管纳入全国统一金融监管体系才能实现真正意义上的全面立体监管。而纳入全国统一金融监管体系需要有统一的法律法规体系。之所以有些打着金融创新旗号的互联网理财公司能够得以壮大，在一定程度上源于其游走在法律边缘，与监管缺位有关，但是监管缺位的背后是立法缺位，所以，需要以立法形式明确互联网金融的法律地位、业务范围、准入标准、监督管理主体等关键问题，为互联网金融的

---

① 岳彩申：《互联网金融监管的法律难题及其对策》，载《中国法律》2014年第3期。

各参与主体提供具体化的规范引导。发达国家对互联网金融监管的法制建设对我国监管互联网金融具有一定借鉴意义。美国针对提供不同功能的互联网金融机构制定了相应的法案。例如，众筹方面，有《创业企业扶助法案》（Jumpstart Our Business Startups Act），以此确立了众筹可以作为公司进行直接融资的方式。在网贷（P2P）方面，有《诚实贷款法》（Truth Lending Act）、《公平信贷机会法》（Equal Credit Opportunity Act）等。这些法案对信息披露、贷款回收方式、消费者权益保护等作了较为详细的规定。

在防范互联网金融风险时，还需要对互联网金融企业从事的业务进行区分，并采取不同的监管措施。网贷由于业务规模大、风险传染性强，极易出现非法集资和网络诈骗行为，这是互联网金融行业风险爆发最集中的地方。促进网贷阳光化、规范化发展，应是规范网贷监管的重要环节，这就需要规范众筹融资和互联网金融产品的销售行为，根据互联网金融机构实现的不同功能，分类出台相关监管制度和办法，防止互联网金融机构风险的相互传染，切实保护好金融消费者的合法权益。[①]

第二，专业化动态监管机制的建构。互联网金融风险生成机理主要来自内外两方面：一方面是行业内部未形成明确的技术门槛导致信息安全性薄弱，从互联网公司转型而来的机构自身控制风险能力较差，混业经营加大了风控难度；另一方面是外部经济波动影响公司业绩进而向中小投资者传导，所投实体经济亏损带来坏账。互联网金融风险的传导方式更是变化多端，除实体经济盈亏的直接传导外，社会心理预期变化甚至对风险恐慌心理的形成都会改变监管所处的治理境况。然而许多问题的出现不是市场的原因，而是违背市场规律和金融规律原理造成的。互联网金融作为新兴金融服务模式，互联网精神是前提，信息技术是基础，金融功能是核心，互联网思维是关键，因此，对互联网金融的监管必须体现出互联网金融的专业能力，同时实行动态化的管理机制。

互联网金融企业业务交叉、多业态联合、不同金融市场在互联网金融

[①] 姚余栋：《互联网金融应分类监管 防止风险相互传染》，载《金融时报》2016 年 5 月 31 日。

领域联姻已经成为互联网金融的重要特征，而正是这种多重复合造成了风险的蔓延。既不受资本充足率、风险拨备率的自我约束，又不受监管部门的外部约束，既无自律、又无他律，其结果是规模越大，风险越大，其风险传导不仅仅发生在地区之间，还发生在不同的金融市场之间。从风险事件集中爆发的线下理财可以发现，许多平台在某种程度上扮演着传统金融产品分销渠道的角色。在分销的过程中，不同金融产品相互叠加，再加上"打包"变种或者"上色"伪装，形成所谓的创新金融产品，以高额的回报吸引对金融产品本身来说属于"非合格投资人"的群体。在这样复杂的风险传导机制中，尚需要推动网络借贷、股权众筹等业态监管制度，明确机构准入条件、业务规则与边界，出台互联网金融领域的配套性制度。这些动态化的制度包括：支付、征信等互联网金融基础设施运行与监管规则；互联网金融产品登记和资金存管制度；互联网金融倾销或补贴等不正当竞争行为的监管规则；互联网金融消费者（投资者）保护制度；互联网金融从业机构市场化处置与退出机制；互联网金融营销与广告管理制度。与此同时，监管部门要及时适应社会和经济发展的变化，积极改变传统监管模式，通过综合运用垂直搜索、大数据、云计算等先进网信技术，全面、及时、敏锐地洞察金融业发展变化，以人工智能、量化分析等工具分析预测包括互联网金融在内的金融市场整体运行情况，加强新业态、新产品、新技术风险监测，防止出现监管真空和监管套利，实现金融风险监管的全覆盖。①

第三，系统化立体监管机制的架构。随着各类金融市场通道逐步打通，跨市场的资金流动导致风险交叉蔓延，风险传导机制多元化和科技化，建立统一协调的系统性、功能性监管体系势在必行。在互联网金融风险整治中始终强调"互联网企业未取得相关金融业务资质不得依托互联网开展相应业务，开展业务的实质应符合取得的业务资质"。这种严格准入管理要求设立互联网金融企业、从事金融活动以及发行金融产品，必须依法接受准入管理。对未经相关有权部门批准或备案从事金融活动的，由金

---

① 李东荣：《构建互联网金融风险治理体系》，载《中国金融》2016 年第 6 期。

融监管部门会同市场监管部门予以认定和查处，情节严重的，予以取缔。凡在名称和经营范围中选择使用带有金融等字样的企业，市场监管部门将注册信息及时告知金融监管部门，金融监管部门、市场监督部门应将其列入重点监管对象，加强协调沟通，及时发现识别企业擅自从事金融活动的风险，视情况采取整治措施。同时应当采用适度的风险管理，但风险管理不等于风险规避，更不等于完全放弃互联网金融产品。有效的风险管理，应该是扶持和监管并行。监管部门在行使自己职权时，对互联网金融应持相对宽容的态度并留有创新发展空间以及良好环境，允许互联网金融尝试，不宜在政策上搞"大而统"的"一刀切"，或者直接把互联网金融打包处理，应针对不同的业态实行不同的风险监管策略。对互联网金融设计相应的扶持政策，对优秀的互联网金融企业进行人力、智力上的扶持，保证源源不断地传递创新动力。

监管制度不仅要体现出结构层次性和战略系统性，更要对其实行功能监管或者行为监管。在我国金融监管分业监管体制下，对跨业务、跨区域、跨市场特征明显的互联网金融应当实行功能监管，否则极易导致互联网金融监管重叠和监管空白并存的问题。在监管第三方支付平台上，美国从联邦和州两个层面进行监管，联邦层面具体由联邦存款保险公司（FDIC）进行监管，各州监管部门则依据本州法律采取不同于联邦的监管措施；对于网贷（P2P）平台，由美国证券交易委员会及各州证券监管当局对筹资者进行备案，并对网贷（P2P）平台进行注册登记，要求其严格履行信息披露等监管规定。这些经验值得关注。

第四，实行"穿透式"监管机制。为了防止互联网金融创新带来的监管盲区，对互联网金融应采取"穿透式"监管，不论互联网金融企业的名称、标签是什么，模式有多么创新，按照穿透式监管原则，它的每一步行为都可以找到相应的监管规范去约束。对互联网金融从业机构的资金账户、股东身份、资金来源和资金运用等情况进行全面监测。穿透式监管透过互联网金融产品的表面形态看清业务实质，将资金来源、中间环节与最终投向穿透连接起来，按照实质重于形式的原则甄别业务性质，更有利于监管快速地跟上金融创新的步伐。

除不同行业跨界产品将成为整治对象外，互联网金融中涉及的集团化风险也被纳入范围，同一集团内取得多项金融业务资质的，不得违反关联交易等相关业务规范。按照与传统金融企业一致的监管规则，要求集团建立"防火墙"制度，实现相对合法的资金通道，随着集团"防火墙"制度的建立，监管也需要作出相应调整。

第五，实行协同性监管。基于互联网金融风险的特点，在监管上应当加强多部门协同监管，探索实现数字监管、信用监管、协同监管、行业自律和社会监督相结合的综合性协同监管机制。省（区、市）可以建立金融委办公室地方协调机制，加强中央和地方在金融监管、风险处置、信息共享和消费者权益保护等方面的协作。这种机制不仅能够解决中央与地方在实践中出现的两相割裂的监管空间，还可以解决监管政策落实难、服务地方协同难等问题。

然而，金融是一个特殊的行业，无论是过去还是现在抑或是将来，这种与生俱来就与流动性风险、交易风险、操作风险等相伴是无法改变的。由于互联网金融业态创新性太强，模式"变种"过快，如果创新过程当中没有防范好风险，这种创新有可能发展到后来的无法控制。互联网金融活动，在相当多的情况下对风险责任的转移是模糊的，而且在"跨界""混业"随着互联网金融的趋势而不可阻挡之时，金融监管本身的责任边界也模糊了。互联网金融导致的大量创新活动，如果监管的法律规范缺失，用现有法律约束创新活动，必然对创新的动力有所抑制。[①] 从互联网金融业抑制创新、风险、规制的动态循环演进发现，风险治理与创新并不矛盾，两者之间必须形成适度的均衡。

风险治理体系必须把握好化解当前风险与建立长效机制的关系。一方面，当前构建风险治理体系的核心任务是切实防范和化解当前互联网金融领域存在的风险隐患，扭转某些业态跑偏局面，遏制风险事件频发高发势头。另一方面，构建风险治理体系还要着眼于长远，总结提炼经验，以问题和风险为导向，将长效机制建设贯穿风险治理全过程，着力解决互联网

---

① 肖四如、肖可砾：《互联网金融的发展趋势及深层影响》，载《银行家》2015 年第 3 期。

金融领域暴露出的监管体制不适应、自律惩戒机制不到位、行业基础设施薄弱、生态环境不完善等问题。①

<h2 style="text-align:center">第三节　互联网金融的监管建议
及风险治理探索</h2>

构建我国的互联网金融风险治理体系，应当按照 2023 年 3 月中共中央、国务院发布的《党和国家机构改革方案》的要求，加强党中央对金融工作的集中统一领导，推进国家金融治理体系和治理能力现代化的总体方向，建立健全统一的法律法规政策体系，实行政府监管、市场调节、自律等联动协同监管。坚持政府金融监管和行业自律管理相结合，坚持业态监管和市场调节相结合的原则。互联网金融风险整治中，通过控制资金流，从信息流上实行穿透原则，解决监管与市场、创新的边界问题。同时，需要加强舆论的正确引导，仅仅依靠删除不良信息而没有正面的激励引导，不仅难以达到目的，还会导致更多的猜疑和怀疑，其效果往往适得其反。

一、互联网金融风险监控的建议

互联网金融风险整治要求，互联网企业未经相关部门批准，不得将私募发行的多类金融产品通过打包、拆分等形式向公众销售；未经批准不得从事资产管理、债权或股权转让、高风险证券市场配资等金融业务；并且有关部门将采取穿透式监管方法，根据业务实质认定业务属性。其中涉及的"穿透式监管""合格投资人"等术语，尽管在信托、基金、证券、保险等领域分别有界定，但互联网金融领域在法律层面无明确界定。这涉及监管合规边界问题。

从业务领域来说，互联网金融领域没有对口的监管机关和相对体系化

---

① 李东荣：《构建互联网金融风险治理体系》，载《中国金融》2016 年第 6 期。

的监管法规和规定，有些规定缺少协同和衔接，造成互联网金融缺乏相应法律规范。从政府来说，分业监管必然带来不协同、政出多门，互联网金融风险整治权力分散，有时也存在边界不清和职责交叉的问题，这同样给企业的合规应对带来很大困惑。面对如此境况，地方政府希望发展互联网金融行业，希望借助于互联网金融的发展倒逼金融制度的改革。从监管的角度来看，希望以金融安全为主进行治理，通过提高准入门槛或推行牌照制度，进行强治理，将一些不合规或者风险较大的模式拦挡在互联网金融领域之外。规范发展互联网金融应当是行业所提倡和追求的目标，也是众多互联网金融参与者共同希望的，更是所有市场参与者共同的利益所在。从这个意义上讲，监管的目的与互联网金融企业和投资者利益具有一致性，只有规范其发展，才能真正实现健康、规范、有序的市场秩序。监管部门需要采取行之有效的制度对资本市场进行约束，以净化金融生态环境及避免衍生品溢出风险，互联网金融自律也不可或缺，通过强化企业自律组织的作用来带动和形成整个行业的规范，这是一个代价较小的控制风险的途径，将制度的刚性和企业的自律结合起来，充分发挥行业自律作用，严格执行数据统计、信息披露、反不正当竞争等制度，开展风险教育，形成依法依规监管与自律管理相结合，加强自律惩戒，对互联网金融领域形成全覆盖的监管长效机制意义重大。

第一，严格互联网金融的准入条件与管理。设立金融机构或者从事金融活动，均应依法接受准入管理。依法将各类金融活动全部纳入监管，既要管"无证驾驶"，也要管"有照违章"。社会上仍有一些网贷机构通过短视频平台等新媒体渠道发布不实广告，涉嫌营销违规产品，宣传违规活动，包括推销高于法定最高利率的贷款。花样翻新的"现金贷""校园贷""砍头息""美丽贷""墓地贷"等乱象，需要与之相对应的风险防范前置门槛。

第二，强化资金监测与流向监督，健全互联网金融风险识别计量机制。基于互联网金融流动性问题，特别是风险传导路径发生了重大变化，需要加强对互联网金融从业机构资金账户及跨行清算的管理，对其资金账户、股东身份、资金来源和资金运用等情况进行监测。严格落实互联网金融从业机构落实客户资金第三方存管制度，存管银行要加强对相关资金账户的监督，但监管过程中也需做好对客户资金的保护工作，力争让各类金融风险在"智能眼"的扫描下无处遁形。

第三，建立举报和重罚制度，创造良好经营环境。针对互联网金融违法违规活动隐蔽性强的特点，应当发挥社会监督作用，加强失信、投诉和举报信息共享，为整治工作提供线索，建立举报奖励制度。鼓励通过网站、电话等多渠道举报，推行重罚制度，按违法违规经营数额的一定比例进行处罚，提高违法成本。但重罚不代表"以罚代管"，不可一罚了之。对提供线索的举报人给予奖励，奖励资金列入各级财政预算，强化正面激励机制。对互联网金融从业机构为抢占市场份额向客户提供显失合理的超高回报率以及变相补贴等不正当竞争行为予以清理。强化信息披露要求，对高风险高收益金融产品严格执行投资者适当性标准，明确其不得以显性或隐性方式通过自有资金补贴、交叉补贴或使用其他客户资金向客户提供高回报金融产品，同时关注互联网金融产品承诺或实际收益水平显著高于项目回报率或行业水平的相关情况。

第四，加强正向宣传和舆论引导。强化正向舆论引导，有针对性地回应投资人关切和诉求，提振投资者的信心。通过金融消费者教育，强化相关部门积极配合宣传部门开展以案说法职责，用典型案例教育群众，提高投资者风险防范意识。同时还需要加强舆情监测，强化媒体的宣传责任，引导投资人合理合法反映诉求，为互联网金融发展与创新营造良好的舆论氛围。

二、互联网金融风险监控的对策

我国互联网金融监管需要坚持政府主导，行业协会监管作为补充。打破分业监管模式，强化信息传递，注重保护金融消费者权益，维持金融市场的信心。因此，我国的互联网金融监管需要借鉴国外经验，坚持鼓励创新与风险防范相结合的政策，要探索出适用于我国国情的互联网金融监管模式。

（一）完善互联网金融监管法律法规体系

为了促进互联网金融健康可持续发展，维护金融秩序稳定，保护金融消费者的合法权益，必须强化互联网金融依法依规监管。其前提是存在完善的相关法律法规政策。法律法规是国家实施金融监管、保障金融安全的根本依据，建立健全互联网金融监管法律法规体系是我国互联网金融持续健康发展的重要保证。从金融消费者权益保护、社会信用体系构建、信息网络安全维护等方面完善互联网金融的相关法律，架构起互联网金融发展与监管的基础性法律体系。构建互联网金融监管法律制度，可从以下几个方面进行：（1）通过立法明确互联网金融各个发展模式的法律定位及监管主体。（2）确立互联网金融准入条件和程序。（3）规范互联网金融服务提供方从业资格，划定合法业务范围，明确服务提供方对公众的义务和责任，制定互联网金融从业人员职业行为准则。（4）完善互联网金融消费者权益保障制度，通过法律手段保护公众信息不被非法泄露、公民的资金安全不受侵害，明确互联网金融服务提供方对消费者风险的连带担保责任。2021年底，央行发布了《地方金融监督管理条例（征求意见稿）》，部分省市也出台了地方金融监管条例。继2016年山东出台地方金融条例后，河北、四川、天津、上海、浙江、内蒙古、江西、北京等省区市已经颁布地方条例。① 2023年7月3日，国务院颁布了《私募投资基金监督管理条例》，规定了对私募基金管理人及其重大事项变更实行登记管理，并对不同类型私募基金特别是创业投资基金实行差异化监管。

（二）构建多层次的互联网金融监管体系

互联网金融业务形态复杂，传统监管很难全面有效覆盖。根据国外互联网金融监管的经验，地方政府在监管中可以发挥更大的作用。以美国为例，互联网借贷业务基本集中在联邦和州层面下设置的监管机构中，在实践中这些做法收到了很好的效果。同时根据业务类型和特点的不同，需要

---

① 《山东省地方金融条例》（2016年3月30日）；《河北省地方金融监督管理条例》（2018年2月4日）；《四川省地方金融监督管理条例》（2019年5月10日）；《天津市地方金融监督管理条例》（2019年5月30日）；《上海市地方金融监督管理条例》（2020年4月10）；《浙江省地方金融条例》（2020年5月16日）；《内蒙古自治区地方金融监督管理条例》（2020年10月13日）；《江西省地方金融监督管理条例》（2021年2月9日）；《北京市地方金融监督管理条例》（2021年4月22日）；《陕西省地方金融条例》（2022年3月24日）；《福建省地方金融监督管理条例》（2022年5月27日）；《湖南省地方金融监督管理条例》（2022年7月28日）等17个省市出台了地方金融监管条例或者地方金融条例。

细化互联网金融业务的监管主体，突出地方政府以及工信、互联网管理部门在监管中的作用，并通过加强地方立法进一步明确各监管主体的责任和权限，加强协调联动的监管动态机制。

第一，实施差异化的分类监管措施。面对互联网金融机构小而分散的特点，基于不同业态而监管侧重点不同。第三方支付业务的监管重点应放在交易过程中而不是从事第三方支付的机构上；对网贷的监管重点放在强化信息披露上。根据业务性质，可以将互联网金融机构分为实体企业金融服务平台和证券投资服务平台两大类。对于前者，可以实行"负面清单"管理，将不良记录、缺乏一定规模的机构予以清除。对于后者，可以参照私募基金的规则进行管理，使机构与客户之间实现信息的充分对称，严格防控风险。

第二，建立行政监管与行业自律相结合、跨部门跨地域的多层次互联网金融监管体系。互联网金融跨行业、跨区域的经营模式对我国金融分业监管体制提出了严峻的挑战。为了避免监管真空和重复监管，需要加强金融监管部门之间的沟通与协调，加强风险监测与及时预警机制，防范虚拟平台交易风险向实体经济蔓延或者金融机构侵蚀。同时，需要重视发挥行业自律作用与风险治理的自律机制作用，建立行业的风险缓释机制，建立信息披露、信息安全、业务经营等方面的行业标准和规则，降低行业整体发生风险的概率，并通过自律公约，制定经营管理规则，发挥行业自律的引导示范作用。但是，行业自律还应该充分反映会员机构的合理诉求，促进监管部门与市场双向沟通，为政府监管提供全面的信息，不应成为"第二政府"。

互联网金融监管改革要明确中国人民银行在宏观审慎监管中的主体地位，强化微观审慎监管全面覆盖的监管理念，推动金融监管部门逐步实现从机构监管向功能监管的转变。同时充分发挥互联网金融行业自律组织的作用，督促会员贯彻法律法规和履行自律公约、维护市场竞争秩序和会员合法权益等，实现对互联网金融行业的自我约束与自我管理，促进互联网金融行业自律与健康发展。

互联网与金融的全球化发展使得跨境金融风险增加，这就要求各国金融监管部门加强合作，对跨国性的金融交易实行协助监管，共同打击跨境互联网金融违法犯罪，保护本国用户在国外、外国用户在本国的合法经济金融权益。其监管措施可分为现场检查与非现场检查。现场检查主要关注风险管理是否适合，内部控制是否健全，通过对网络防火墙功能、技术要素、客户口令安全状况进行检查，确保互联网金融选择恰当技术。非现场检查着重对业务发展规模进行检查，如受到病毒感染或黑客攻击的次数、业务覆盖区域、交易额等。随着金融交易的虚拟化演进，非现场检查愈加显示出其优越性。[①] 互联网技术推广应用增大了非现场监管的覆盖面。监管机构应逐步过渡到以非现场监管为主的轨道上来，并为现场监管提供警示信号或者风险提示。

第三，互联网金融消费者权益保护。金融消费者权益保护肇起于金融危机，不仅源于金融危机后引起金融政策制定者和金融监管部门的高度关注，还在于强化监管限制金融机构出售高风险的金融产品，更在于保护不力带来金融消费者违约频发，其违约极易引发系统性金融风险积聚，带来金融危机。实证检验发现，加强金融消费者保护能够显著降低金融危机的发生概率，即使只是加强金融消费者保护的某一方面，也能显著降低金融危机的发生概率。[②] 各国加强金融消费者权益保护作为立法和实际行动的一个基本目标。在一个既主张保护又主张消费的文明社会里，对消费者的保护应当是立法者关注的焦点。[③] 我国信用卡盗刷、诈骗等金融消费者权益受损事件初见端倪，完善金融消费者保护立法已经作为国家金融改革的战略重点，也成为现代化金融市场制度建设的重要部分。2020 年 5 月 11 日，党中央、国务院《关于新时代加快完善社会主义市场经济体制的意见》中提出了"建立健全金融消费者保护基本制度"。在法律层面，《商业银行法》《银行业监督管理法》《证券法》《保险法》《证券投资基金法》《网络安全法》《数据安全法》《个人信息保护法》等均将金融消费

---

① 侯婷艳等：《网络金融监管存在的问题及对策》，载《中国财经》2014 年第 2 期。

② 戴国强、陈晨：《金融消费者保护与金融危机——基于全球 142 个经济体的实证研究》，载《财政研究》2015 年第 3 期。

③ ［法］居荣：《法国商法》（第 1 卷），罗结珍等译，法律出版社 2004 年版，第 985 页。

者保护作为立法目的之一，央行也会同银保监会、证监会等金融监管部门，从保护金融消费者长远和根本利益出发，初步构建了具有中国特色的金融消费权益保护机制，不断践行了"金融为民"的初心和使命。国家金融监管部门先后设立金融消费者权益保护专门机构，在各自职责范围内开展工作，取得了初步成效，但是距构建完备的金融消费者权益保护体系仍有较大的差距，在互联网金融消费者权益保护领域仍较为薄弱。2015年11月4日，国务院办公厅发布了《国务院办公厅关于加强金融消费者权益保护工作的指导意见》；2019年3月6日，中国人民银行发布了《金融消费者权益保护实施办法》。该办法规定金融消费者是指购买、使用金融机构提供的金融产品和服务的自然人。但这一界定并没有包括网络支付、网络借贷等非金融机构或准金融机构消费者。因此，在金融消费者权益保护工作的推进过程中，要高度重视互联网金融领域，建立健全互联网金融消费纠纷解决机制，强化对金融消费者特别是互联网金融消费者的教育，进一步加强征信体系建设，完善信息披露制度，构建良好的互联网金融市场环境。[①] 鉴于互联网金融业务的复杂性和风险性，对客户利益的保护显得更为重要。监管从本质上说是保护金融消费者合法利益。除了建立投资者资金第三方存管制度和实现客户资金与金融机构自身资金的分账管理外，还应建立强制性信息披露制度，根据各类业务的特点确定披露的事项，主动向投资者揭示业务风险，保护投资者的知情权，积极开展投资者教育活动，提高投资者的风险意识。

从监管者的角度来看，需要坚持"相信市场但不盲从"的理念。从一定意义上说，市场机制能够对抑制风险起到一定作用。例如，消费者的选择会淘汰在信息安全上不稳健的机构；新产品、新业态的出现会迫使现有机构不断改善和更新产品与服务。但是，市场机制能够"起决定性作用"的前提，是监管者能够发挥作用。只有坚持"相信市场但不盲从"的理念，才能有效控制风险，保持互联网金融的持续健康发展。比如，美国为了要让市场能够有效惩戒安全机制不到位的主体，除采取监管处罚外，许

---

① 冯娟娟：《我国互联网金融监管问题研究》，载《时代金融》2013年第29期。

多州政府还要求互联网金融机构定期披露安全情况报告。英国于 2019 年 12 月 9 日生效的《PS19—14：基于网贷（P2P）和投资的众筹平台：CP18—20 的反馈和最终规则》。该规则明确了网贷（P2P）平台在信用风险评估、风险管理、公平估值方面的责任边界，及问题平台清退预案的披露，合格投资者、自身的适当性评估，最低限度的信息披露等方面。FCA 认为，如果网贷（P2P）平台决定承担代理投资者进行风险定价的职责（仅作为信息中介则不必承担为借款人进行风险信用评估的职责），仅仅要求平台做到透明和信息披露是不够的，还必须有配套的制度来优化风险管理。针对违约问题，FCA 指出，此前也曾考虑禁止在二级市场转让已经违约的标的，但最终搁置了这一想法，其原因为，在某些网贷（P2P）平台的商业模式中投资者之间转让标的是实现标的预期收益的必经过程。不过，FCA 要求，对于已经违约的网贷（P2P）标的，平台必须在投资者买入或卖出的时点对其进行重新估值，以确保它们是按照公平估值进行交易的。针对问题平台，FCA 加强了有关网贷（P2P）平台清盘的规则，要求平台必须在开展相关业务之前就披露清盘预案，并需要在交易发生前获得投资者的同意，还列出了网贷（P2P）平台需要向投资者提供的最低限度信息。[1] 消费者保护应当放在首要位置。在美国对第三方支付机构八大方面的监管要求中，其中有六个方面是直接指向保护消费者权益的。坚持金融消费者权益保护需要坚持充分、有效、动态的信息披露制度，使得金融消费者能够有进行选择的信息基础，保障金融消费者的可选择权。

随着金融市场的发达，资产证券化程度越来越高，普通家庭资产中以有价证券为代表的资产比例可能会逐渐提高，很多家庭不仅办理与银行相关的普通存贷款业务，还存在面向保险公司、基金公司或者证券公司购买保险、基金、股票等行为。[2] 后者在形式上不同于前者，具有投资的属性，也是为了将来的生活所需或者改善生活状况而进行资产积累，具备"为生活消费需要的"消费的一般特征，实属家庭生活领域的财产范围，

---

① 胡越：《英国 P2P 新规发布 设置投资者准入门槛》，载《国际金融报》2019 年 6 月 10 日。
② 刘庆飞：《多重背景下金融监管立法的反思与改革》，上海世纪出版集团 2015 年版，第 273 页。

而非生产流通领域的资本。基于现代社会经济发展的方向，将其在金融市场的个人投资纳入生活消费更符合未来的发展方向，基于我国《消费者保护法》将"生活消费需要""购买、使用商品或者接受服务的"界定为消费者的规定，可将金融消费界定为"主要为个人、家庭成员或者家务目的而从金融机构购买金融产品或者服务的个体"。

另外，注重对金融消费者个人数据的保护。随着互联网的快速发展，传统犯罪加速向以互联网为媒介的非接触性犯罪转移，涉网犯罪数量、受害人规模和社会危害持续激增。其中，网络爬虫作为自动抓取万维网信息的程序或者脚本扮演了侵犯金融消费者数据权的角色。大数据公司利用爬虫技术违反正当、合理、必要原则获取数据，或者未开展准确明示数据获取的行为和处理，或者超范围使用获取公民个人信息，或者非法出售提供获取的公民个人信息等行为侵犯公民个人信息的违法犯罪屡见不鲜，对金融消费者的数据保护应当给予足够的重视。

第四，规范互联网金融风险监管的措施。从监管者的角度看，金融监管方式主要包括机构监管、功能监管、产品监管、导向监管或者审慎监管和行为监管等方式。面对多种监管方法，选择哪种监管方式以及如何实现差别化的监管是值得研究的。互联网金融业务主体与业务类型复杂多变，跨界较多，分业监管模式面临挑战，需协调混业和分业监管模式，实行综合监管的协同机制。因此，国家要建立统一监管和分层分类型监管机制。具体包括三个方面：（1）基于不同监管部门的监管责任和监管范围，统一由主要的监管部门来进行互联网金融主体的分层和分级管理规划，明确每层对象的监管机构和监管政策，并逐步拓展跨层级、跨部门、跨区域的监管协调机制。（2）针对其花样多变的互联网金融业务模式和政策规避手段，加大技术监控手段的投入，动态捕捉行业的风险动向，细化监管环节，加大金融科技监管力度，建立灵活的互联网金融风险监测和预警机制。（3）为了促进互联网金融的发展，互联网金融监管可以采取因地制宜的方式，逐步把监管的权限下放给地方金融监管部门，不断强化地方金融监管部门防范互联网金融发生风险的责任。同时政府相关监管部门，也应当承担起监管指导与统筹的职责，形成"中央为主、地方补充、规制统

一、权责明晰、运转协调、安全高效"的互联网金融监管和风险防范处置体制。

一是采取原则导向式的现代化监管模式。尽管我国互联网金融发展较快，但在发展方向和发展模式方面还尚未定型，金融监管部门在对互联网金融活动实施监管时，需要保持一定的弹性。坚持原则导向式的监管，就需要监管部门不断吸收新兴互联网金融行业初期发展阶段的监管经验和教训，在金融风险安全的基础上，支持互联网金融监管创新，不断促使互联网金融的稳定健康持续发展，防范出现"死管""乱管"的"管死"现象，不因噎废食。

二是建立互联网金融的市场准入约束机制。由互联网金融发展所形成的虚拟金融服务市场是一个信息高度不对称的市场。这种市场需要监管规则，通过设定互联网金融行为的指引性规范和标准，界定互联网金融业的经营范围，设立规范的互联网金融行业准入门槛，推行互联网金融企业牌照及资质认定制度，采用负面清单模式对违规行为进行警示，从而实现市场的良性竞争。需要通过提高互联网金融机构自身的实力推动全行业整体实力的提高，增强互联网金融企业抵御风险的能力，防止其偏离普惠金融的初衷和因"无证驾驶"而乱象丛生。

三是实行互联网金融的行业自律。互联网金融的全球性、匿名性、便利性大大降低了监管部门单方面制定的规则的有效性，这就需要互联网金融企业建立完善严格的内控制度。健全的内控制度有利于防止互联网金融企业规避金融监管。同时还需要外部强制监管与互联网金融机构自我约束的结合。这种模式应先由互联网金融协会组织建立规范性的行业规约或运营标准以及制度规范等，对存在较多风险和漏洞的业务模式进行限制，及时做出风险提示。

四是完善互联网金融配套征信系统建设，加强互联网金融风险教育。互联网金融行业的健康发展需要推进互联网金融配套征信系统建设，将互联网金融平台产生的信用信息纳入人民银行征信系统范围，对互联网金融的相关参与人和利益相关方的交易数据建立信用数据库，为互联网金融主体提供征信支持。但是，要防止将与征信无关的问题纳入其中，互联网金融的征信建设不应泛化或者扩大化。

第五，互联网金融风险的监管探索与尝试。随着金融科技的发展，互联网金融还会面临更多的新风险。为了有效防范风险的发生，需要汲取国内外互联网金融行业经验，并将其与实际的国情相结合，寻找出适合我国互联网金融监管的新思路。基于互联网金融这种收益主要集中于本地，风险由全国分担的特殊情况，中央监管机构需要承担更多的职责。

一是对互联网金融规范需要从实体规范转向程序规范。传统金融监管措施多为实体规范，限定交易额度，如发售理财产品必须 5 万元起步（信用卡透支数额保持平衡），限定交易对象（牌照管理），限定金融服务种类内容等。互联网金融创新是跨界组合，严格的实体规范被技术创新带来的模式转变虚化为灰色地带，因此，在实体规范的功能被弱化的情况下，需要加强程序规范，互联网金融监管规范应当侧重于程序性规范和流程性规范。

二是对互联网金融规范需要按照不同模式进行分类监管。互联网金融是跨界资源的多元融合，有多种业态模式，不同业态模式的风险点也不尽相同，因此在"分业经营，分业监管"的监管体制下，需要按照不同业态模式、不同产品类型以及敞口分别由中央金融监管部门和地方金融监管部门分类监管，区别对待。

三是对互联网金融规范需要从机构监管转向行为监管、功能监管。互联网金融行业中一个机构往往同时做多种跨界产品，金融产品跨界混搭以及不同链条上产品镶嵌，有时无法进行清晰的界定和确定其归属，仅仅由某一监管部门监管，难免留下漏洞或者空白，通过功能监管、行为监管可以解决上述问题。对跨界业务实施穿透核查和全流程监管，将资金流和现金流全面纳入风险监测体系，防止资金和信息实现体外循环，不留监管空白和监管套利或者寻租的空间。

四是互联网金融规范需要大数据的智能化监管。大数据技术的普遍应用，不仅影响了传统的金融体系监管，也是互联网金融监管的基本手段。监管部门通过互联网思维，坚持金融科技监管的立场，将大数据分析挖掘技术应用到金融监管中，利用大数据的智能化手段实施主动监管。大数据在监管中的应用将提高监管部门分析和预测系统性风险的能力。① 基于金融业的海量交易数据，根据监管对象的主要特征，大数据监管可以筛选出若干风险数据指标，并在海量数据平台上实时抓取，并对交易者的经营行为进行实时分析、追踪和预判，达到对金融风险的监管前置。互联网金融的发展离不开数据互通，由于数据的交换涉及多方的职责与义务，其中涉及商业机密、习惯风俗、个人信息及隐私等问题。而如何合法有效利用大数据，保证大数据技术在合理合法的方面发挥作用，需要构建满足互联网世界及互联网金融要求的数据信息市场，并依照满足数据交换相关法律的要求，在合理的规则上运行数据信息。如 2020 年《深化北京市新一轮服务业扩大开放综合试点建设国家服务业扩大开放综合示范区工作方案》提出的"在京设立国家金融科技风险监控中心"，但要防止倚重大数据技术主要风控手段提升效率引发的安全性问题。

【小结】

德国学者弗里德曼指出，"法律犹如有机体，必须随着社会生活之发展变化而变化，并在变化中求其长生。否则，必不免陷于僵化，不能适应社会的需要""一个法律制度，如果跟不上时代的需要或要求，而且死死抱住上个时代的只具有短暂意义的观念不放，那么是没有什么可取之处的。在一个变幻不定的世界中，如果把法律仅仅视为一种永恒性的工具，那么它就不能有效地发挥作用"②。美国诺贝尔经济学家莫顿提出，金融功能比金融机构更为稳定。纵观经济史，每一次思潮革命，都伴随着颠覆与再颠覆的反复；每一轮周期起伏，都伴随着质疑与反质疑的迁移；每一个行业崛起，都伴随着成长与再成长的惆怅。③ 由于金融内生的脆弱性和外部的制约性，每一轮重大金融创新之前，不仅会催生资产泡沫，还会引发道德危机，从根本上完善互联网金融，需用金融的稳健内敛抑制互联网

---

① 中国人民银行衡阳市中心支行课题组：《互联网金融的创新与监管问题研究》，载《金融经济》2014 年第 16 期。

② ［美］博登海默：《法理学：法律哲学与法律方法》，邓正来，译，中国政法大学出版社1999 年版，第 326 页。

③ 程实：《互联网金融如何走出野蛮生长"青春期"》，载《上海证券报》2016 年 6 月 3 日。

金融的躁动，推进传统金融与互联网金融有序协调发展。

互联网金融应当满足我国经济转型升级与结构调整产生的有效金融需求，促进互联网与金融的深度融合、业务与场景的广泛结合、技术与流程的有机整合，有效增加金融服务供给规模、效率和质量，提高互联网金融供给对实体经济需求变化的适应性和灵活性，避免互联网金融业态过度拉长资金链条和脱离实体经济空转。我国金融业在发展普惠金融方面进行了大量尝试。根据世界银行在普惠金融指标上的数据，我国的大部分指标均排在发展中国家前列，账户普及率和储蓄普及率等指标甚至显著优于 G20 国家平均值。我国与其他国家一样，在发展普惠金融方面依然面临服务不均衡、成本高、效率低、商业可持续性不足等一系列全球共性难题。互联网金融在降低金融交易成本、提高金融资源配置效率、扩大金融服务辐射半径等方面具有独特优势，为解决上述共性难题提供了一条可行路径。这就需要按照有利于提升服务实体经济效率和普惠水平、有利于降低金融风险、有利于保护消费者合法权益的原则积极开展科技驱动的金融创新，强化互联网金融依托网络导流和场景的优势，不断提高其服务实体经济的普惠性和便捷性。

互联网金融为金融体系的市场化、普惠化发展带来了新鲜元素，但不意味着互联网金融发展可以没有边界、创新可以没有规则、业务可以没有规矩。从业机构要认识合规的重要性，要按照监管规则、整治要求和行业标准，加快建立客户身份识别、信息披露、资金存管、投资者适当性管理、反洗钱、反恐怖融资等制度，切实提升网络和信息安全保障水平。对于互联网金融应当充分认识信息化背景下金融业务风险与技术风险可能产生的叠加效应和扩散效应，遵循金融基本规律，建立有效的内控制度和风险管理系统机制，形成多层次、全方位、动态化和立体式的风险治理体系，使互联网金融创新可能带来的风险处于可管、可控、可承受范围内，建设兼具包容性和竞争性的互联网金融生态圈和产业链，提升金融服务实体经济的效率，促进其高质量发展。

————————— 结　语 —————————

　　互联网金融行业，诞生于互联网技术生机盎然的土壤之中，茁壮于民间资本和金融思潮万物生长的背景之下，邂逅于金融风险积聚带来的种种挑战，特别是在其热度不断升温、模式不断变化、领域不断扩大、冲击不断增强的背景下，如何摆脱其成长的躁动和跑偏，为其寻求新的方向，是一个时代课题。我国互联网金融在经济金融环境复杂多变和清理整顿专项治理背景下，面临着经营风险、合规转型风险、风险处置次生风险等风险，并出现了不良的影响和负面评价。这是因为互联网金融天然就带有重包装、轻内涵的浮躁基因，相比传统金融更懂得将自己包装为时代的代言人，很容易带来盲目跟风的"羊群效应"。由于互联网金融受到风险投资的趋利鞭策，创始人和经营者往往有较强的短期套现倾向，为在多轮融资中获得高价抽身而出的机会，一些互联网金融企业非常激进，缺乏长期可持续发展规划，为欺诈行为创造了条件。互联网行业虽然激发了创新的各种可能，但也更会利用并消费人类贪婪、短视、从众等弱点，也善于打着无风险高获利的口号，营造饥饿营销氛围，让一些金融消费者无形中丧失了必要的警惕。① 然而，我们目前的日常性金融监管体制不能应对金融创新产生的风险，金融领域一直呈现"治乱循环"的运动式执法模式②，这种缺乏顶层设计的修修补补难以奏效。实践中，互联网金融在风险治理中不断变异以及衍生出新的业态。例如，金融科技公司的诞生以及第四方支

---

① 程实：《互联网金融如何走出野蛮生长"青春期"》，载《上海证券报》2016 年 6 月 3 日。
② 彭冰：《反思互联网金融监管》，载《金融博览》2018 年第 12 期。

付出现。非法第四方支付平台之所以能够生存，一方面，金融科技的迅猛发展为第四方支付平台提供了技术土壤，解决了其相关技术性难题；另一方面，基于支付手段的便捷性弥补了第三方支付平台的便捷性不足问题，增加了人们对第四方支付平台的需求。其中，也不乏部分第三方支付机构为了获取额外利益，同其沆瀣一气，纵容或默许第四方支付平台参与非法经营活动。面临多重不法风险，互联网金融监管政策、监管法律以及监管措施需要积极防止金融科技"过度依从需求"而导致"技术性监管失控"，以免嵌入链条过长衍生以及聚集金融风险，致使风险事件接连不断、层出不穷以及花样多变、不断翻新的"人为创新"。这就需要改变原有的风险治理的专项运动型治理模式以及堵截严禁型治理模式，根据互联网金融的本质和特点，创新风险治理模式，建立互联网金融风险整治体系，构建互联网金融风险监管的长效机制，分步骤、分阶段、分重点的有秩序、有目标的整治策略与方案，不宜采用目标上"短时化"、行动上"战役化"等策略性的政策型的治理措施。

由于互联网金融业态和结构的复杂，建立互联网金融长效监管机制，一方面，要从根源上解决互联网金融风险的监管问题，构建跨部门、跨行业以及跨区域的协同性监管机制，实现风险治理目标。在监管措施上，应当采用监管科技（regtech）理念，建立大数据共享机制。另一方面，互联网金融平台应当加强自身的风险防控意识，针对互联网金融的不同风险点，利用智能化手段控制风险，搭建运转良好的专项整治工作长效机制和完整的风险整治体系，不宜采用简单的思维方式治理互联网金融风险，否则非常容易走向封死现实生活中必须有的试错和创新空间，致使创新发展悬于半空无法实行。① 监管部门可借助金融科技的智能化构建互联网金融监管的长效机制，提升对金融创新的识别管控能力，推进互联网金融基础设施建设、统计监测、信息披露、信息共享、标准规则、消费者权益保护等工作，督促引导互联网金融企业依法合规审慎经营，增强消费者金融素养和风险防范意识，促进互联网金融风险治理体系和治理能力的现代化。

---

① 王舒嫄、戴安琪：《贾康：应对科技金融挑战 五方面创新监管体系》，载《中国证券报》2019 年 11 月 18 日。

　　金融是现代经济的核心，是推动经济社会发展的重要力量。金融监管体制是否适合变化了的情况和新时代的要求，至关重要。为此，我国金融监管体制继 2018 年改革后又进行了新一轮深化。为促进金融管理部门依法合规履行金融管理职责，解决金融系统队伍管理的统一性、规范性问题，2023 年 3 月，中共中央、国务院发布《党和国家机构改革方案》，在金融监管体制改革领域将中国人民银行、国家金融监督管理总局、中国证券监督管理委员会、国家外汇管理局及其分支机构、派出机构的工作人员纳入国家公务员统一规范管理，使用行政编制，执行国家公务员工资待遇标准。为解决金融领域长期存在的突出矛盾和问题，在中国银行保险监督管理委员会基础上组建国家金融监督管理总局，统一负责除证券业之外的金融业监管，强化机构监管、行为监管、功能监管、穿透式监管、持续监管，统筹负责金融消费者权益保护，加强风险管理和防范处置，依法查处违法违规行为，作为国务院直属机构。为加强金融消费者合法权益保护，统一规范金融产品和服务行为，把中国人民银行对金融控股公司等金融集团的日常监管职责、有关金融消费者保护职责，中国证券监督管理委员会的投资者保护职责划入国家金融监督管理总局。不再保留中国银行保险监督管理委员会。针对地方金融监管部门存在的监管手段缺乏、专业人才不足等问题，强化金融管理中央事权，建立以中央金融管理部门地方派出机构为主的地方金融监管体制，统筹优化中央金融管理部门地方派出机构设置和力量配备。同时，压实地方金融监管主体责任，地方政府设立的金融监管机构专司监管职责，不再加挂金融工作局、金融办公室等牌子。为强化资本市场监管职责，中国证券监督管理委员会由国务院直属事业单位调整为国务院直属机构。理顺债券管理体制，将国家发展和改革委员会的企业债券发行审核职责划入中国证券监督管理委员会，由中国证券监督管理委员会统一负责公司（企业）债券发行审核工作。调整中国人民银行大区分行体制，按照行政区设立分支机构。撤销中国人民银行大区分行及分行营业管理部、总行直属营业管理部和省会城市中心支行，在 31 个省（区、市）设立省级分行，在深圳、大连、宁波、青岛、厦门设立计划单列市分行。中国人民银行北京分行保留中国人民银行营业管理部牌子，中国人民银行上海分行与中国人民银行上海总部合署办公。不再保留中国人民银行县（市）支行，相关职能上收至中国人民银行地（市）中心支行。对边境或外贸结售汇业务量大的地区，可根据工作需要，采取中国人民银行地（市）中心支行派出机构方式履行相关管理服务职能。① 面对新的金融形势，互联网金融如何健康发展，对其监管作出怎样的调整，如何保护金融消费者权益，保护金融的公平竞争，维护金融安全，防止互联网企业触礁后释放出更多风险，尤其是在数字经济发展过程中如何控制可能存在的变数，将是未来需要关注的问题。"在投资这个问题上，知道如何不亏钱比知道如何赚钱更重要。这就是金融风险管理的重要性所在。"② 本书对互联网金融的分析仅仅是理论上的探讨，对其诞生与发展历程中的功过是非希冀留给时代检验和未来评判。

---

① 参见 2023 年 3 月 7 日在第十四届全国人民代表大会第一次会议上国务委员兼国务院秘书长肖捷"关于国务院机构改革方案的说明"，http：//www. gov. cn/guowuyuan/2023 – 03/08/content_5745356. htm，2023 年 3 月 8 日。

② 陈思进：《失序的金融：洞察非理性资本的运作逻辑》，浙江大学出版社 2019 年版，第9 页。

参 考 文 献

1. 吴晓求等著：《互联网金融：逻辑与结构》，中国人民大学出版社 2015 年版。

2. 郭华著：《互联网金融犯罪概说》，法律出版社 2015 年版。

3. 黄震等著：《P2P 网贷风云（趋势监管案例)》，中国经济出版社 2015 年版。

4. 黄国平、伍旭川主编：《中国互联网金融行业分析与评估（2016—2017)》，社会科学文献出版社 2016 年版。

5. 武长海等著：《P2P 网络借贷法律规制研究》，中国政法大学出版社 2016 年版。

6. 杨东、文诚公著：《互联网金融风险与安全治理》，机械工业出版社 2016 年版。

7. 陈晓华、曹国岭主编：《互联网金融风险控制》，人民邮电出版社 2016 年版。

8. 尹优平、盛浙湘著：《互联网金融消费者权益保护研究——基于行为金融监管的视角》，中国金融出版社 2017 年版。

9. 李爱君主编：《金融创新法律评论（第 1 辑)》，法律出版社 2017 年版。

10. 彭冰著：《投资型众筹的法律逻辑》，北京大学出版社 2017 年版。

11. 李有星等著：《中国民间金融市场治理的法律制度构建及完善研究》，浙江大学出版社 2018 年版。

12. 欧阳日辉主编：《中国互联网金融创新与治理发展报告（2018)》，

社会科学文献出版社 2019 年版。

13. 李保旭、韩继炀、冯智著:《互联网金融创新与风险管理》,机械工业出版社 2019 年版。

14. 何剑锋著:《互联网金融监管研究》,法律出版社 2019 年版。